273. 有司（第2簡簡背）第十二（第1簡簡背）

今本作第十七。釋文：「有司，本或作有司徹。」篇次不同，說見1.條。

274. [redacted]司宮聶酒，乃深尸俎（第1簡）

今本聶作攝。此文並士冠、夏殷冠子之法節「再醮攝酒」鄭注[redacted]並云：「今文攝為聶。」簡本用今文。作聶為叚借字，山海經海外北經：「聶耳之國，為人兩手聶其耳。」[redacted]郭注：「言耳長，行則以手攝持之也。」內則「聶而切[redacted]之」，釋文：「本又作攝。」並叚聶為攝。胡承珙疏義云：「攝正字，今文省作聶，猶爾雅「欇虎櫐」，釋文「欇又作聶」是也。」形省之說非也，此皆聲同通叚，攝、欇為加形旁後製正字。說見2.條。

今本深作鬵。下「辛深」，今本亦作鬵。說文炎部：「鬵，於湯中爚肉也。」此將賓尸于堂，置尸俎牲體于[redacted]鑊中重溫之，故鄭注云「溫也」。鄭注：「古文鬵皆作尋，記或作燖，春秋傳『若可燖也亦可寒』。」今文作鬵為正字，[redacted]古文作尋為叚借字。左傳哀公十二年「若可尋也」，服虔注云：「尋之言重也，溫也。」簡本作深，當為尋之叚借。淮南子繆稱訓「其憂尋推

之也」，高注：「憂尋，憂深也。」古文段尋為數，此又段深為尋，當屬古文系統，[redacted]豈古[redacted]文或本[redacted]有作深者？

275. 乃義或（侑）于賓（第1簡）

今本義作議。義、議聲同通段。莊子齊物論「有倫有義」，釋文：「崔本作有論有議。」

276. 以延（筵）于西序（第2簡）

今本以作又。下第38簡主婦受尸酢節「以取禮（醴）[redacted]兼貢（黃）祭于豆祭」，今本以亦作又。陳校云：「[redacted]此簡塗改。」此

文司宮先設尸席，又設侑席，以筵不詞；下文主婦先取韭菹，又[redacted]取醴黃，以取亦不詞。簡本又多作有，所據之本以字寫作[redacted]㠯，與有字形近易譌。

277. 乃攘（第3簡）

今本攘作[redacted]讓。曲禮上「左右攘辟」，鄭注：「攘，古讓字。」史記[redacted]太史公自序「小子何敢讓焉」，索隱：「漢書讓作攘。」晉灼云：「此古讓字。」說文言部「讓，相責讓也。」又手部：「攘，推也。」朱駿聲通訓定聲云：「凡三揖三攘字，[redacted]經傳多以讓字為之。」攘正字，讓段借字。簡本多保存

古正字，此其一也。

278. 乃舉，司馬舉羊鼎，司士舉豕鼎魚鼎以入（第3简）

今本魚上有舉字。賓尸用三鼎，司馬舉羊鼎，司士舉豕、魚二鼎，必先舉豕鼎入陳，阼階下羊鼎之南，復舉魚鼎入陳豕鼎之南。以儀注先後言，有舉字義長。然简本每多省字也。

279. 廱正執一匕以從，廱府執二匕以從（第4简）

今本廱作雍。简本特牲記『雍爨』、少牢『雍正』、『雍府』、『雍人』俱作雍，有司『雍正』、『雍府』、『雍人』則作廱。陳校云：『雍從广作，即廱字。』未下斷語。篆作雝，隸作雍。說文隹部：『雝，雝鶏也。』段注：『經典多用為雝和辟雝。』爾雅釋詁：『關關雍雍，音聲和也。』書堯典『黎明於變時雍』，偽傳：『雍，和也。』詩何彼襛矣『曷不肅雝』，毛傳：『雝，和[redacted]。』說文广部：[redacted]『廱，天子饗飲辟廱。』段注：『辟廱者，天子之學。』廱亦段為雝，爾雅釋訓：『廱廱，和也。』又段為饔，[redacted]漢書百官公卿表有廱太宰。雝亦段為饔，國語周語『佐雝者嘗焉』，韋解：『雝，亨煎之官也。』史記吳太伯世家『弟仲雍』，索隱：『解者云雍

是執食，故雍字執截也。」周禮序官孫氏正義云：「饔即饗之隸變，字亦省作雝。」據此而知，雍饗、雍正、雍府、雍人即周禮之內饔，雍、饔蓋聲同通段也。漢碑有寫作廱，如楊孟文石門頌「庶[redacted]土(士)悅廱」，唐扶頌「治致廱熹」，顧靄吉隸辨云：「雍竝作廱」。與有司簡文合。亦有寫作雝，[redacted]如曹全碑「遷于雝州之郊」，與特牲、少牢簡文合。至于劉熊碑「致于廱泮」，史晨奏銘「臣伏見臨辟廱日」，乃段廱為雝，陳氏謂「即雝字」，如以雍正、雍府之雍當為辟廱之廱，則大誤矣。

280. 尸進，二手受手間（第6簡）

今本受下有于字。此主人授尸几。上主人「二手橫執几」，賈疏[redacted]述其儀云：「主人橫執几進授尸時，尸二手受於主人手間時亦橫受之。」橫執為主人兩手執几兩端，手間為尸併兩手受于主人兩手之間。無于字義不顯豁，而[redacted]「受于手间」句為習見，以有于字為長。

281. 主人檻東北面拜，尸復位（第7簡）

今本楹上有東字。堂有二楹，曰東楹，曰西楹。記堂上面位，每依二楹立名，故有東楹東、西楹西、楹間之稱。楹必稱東西，楹東究指東楹之東，抑指西楹之東，其義不明。下文屢云『東楹東』『西楹西』，簡本與今本同，則此為誤脱無疑。

282. 與或（侑）皆北面荅拜（第7简）

今本[redacted]與上有尸字。主人拜位在東楹東，尸[redacted]與侑拜位在西楹西。主人進至戶牖間尸席前授几于尸，尸亦進至席上受几。主人退而復東楹東拜位時，尸設几于席；主人北面拜送時，尸復西楹西位。于是尸與侑皆北面荅拜，即所謂拜受几也。以儀注論，尸之復位與主人拜送同時，而『尸與侑皆北面拜』句為重發端，有尸字義長。然簡本每多省字也。

283. ⿰米豊賁（蕡）（第9简）

今本⿰米豊作麷。說文麥部：『[redacted]麷，煮麥也。从麥豊聲』。羣書無从米者，蓋漢隸俗體。豐，夏承碑作豊，史晨奏銘作豊，故簡本亦从豊。

284. 白西方（第10簡）

今本西上有在字。此節主人薦四豆四籩。四豆：韭菹、[redacted]醯醢、昌本、麋臡。四籩：麷、蕡、白、黑。上設韭菹醯云「菹在西方」，設昌菹醯云「昌在東方」，簡本與今本同。東方西方，[redacted]擬豆籩所設[redacted]之[redacted]處。此設白、黑，白為熬稻，黑為熬黍，熬稻之籩設于熬黍之籩之西。「白西[redacted]方」不[redacted]成文義，簡本誤脫在字。

285. 肩辟肫胳（骼）[redacted]臑，正膌一，脡膌一，衡（横）膌一，短脇一，伐（代）脇一（第10簡）

[redacted]

今本辟作臂。簡本有司作辟，特牲、少牢作臂。辟、臂聲同通叚。周禮內饔職「馬黑脊而般臂螻」，考工記鄭注「變謂蕭臂用力異」，公羊傳莊公十二年「萬臂摋仇牧」，釋文並云：「臂本或作辟。」今古文均作臂，或本有作辟。簡本亦同此例，作辟為或本。

今本膌作脊。說文𠦬部：「脊，背呂也。」又肉部：「膌，[redacted]瘦也。从肉脊聲。瘠，古文膌从疒朿。」二字義別。簡本特牲、少牢作脊，而有司作膌，又顯非瘦瘠之義，此字實乃俗寫誤加形旁。

今本脇作脅。詩節南山鄭箋「脅下以刑辟」，釋文：「脅本又作脇。」此不過形旁在下在左之異耳，亦俗寫也。

286. 祭肺一（第10簡）

今本一下有載于一俎四字。此節詳記十二俎。尸牲體三俎：羊正俎，羊肉湆俎，豕脀俎；侑牲體二俎：羊俎，豕俎；主人牲體三俎：羊俎，羊肉湆俎，豕脀俎；主婦牲體一俎，羊俎。共九俎。尸、侑、主人各有魚一俎，合為十二俎。記九俎今本每俎下均有『載于一俎』句。簡本後八俎與今本同，惟此尸羊正俎無此句。將謂與羊肉湆合俎乎？然而主人用三俎，尸不應[redacted]用二俎；尸羊正俎為十二俎之主，羊肉湆為加俎，義有不同，不可合併。而十二俎中，尸、侑、主人、主婦之羊正俎設于席上，其餘八俎乃雍人用二俎遞相傳送，羊正俎與羊肉湆俎必須分用。據此三證，合俎決不可通。簡本誤脫。

287. 羊肉汁（第10簡）

今本汁作湆。特牲尸入九飯節『設大羹湆于醢北』，簡本第18簡爛缺，不詳所作。士昏、公食、特牲並此文鄭注：『今文湆皆為汁』。[redacted]簡本用今文。說文水部：『湆，幽濕也。』別一義。徐養原疏[redacted]證云：『叚為羹湆，讀與汁同。』古文叚湆為汁。

[redacted]

288. **或(脩)豕俎左肩折**(第12簡)

今本豕俎作俎豕。脩二俎，羊(其)正俎[redacted](為)(可)或(脩)俎，羊左肩左肫」，與今本同。此為加俎，以彼例此，當如今本，[redacted]簡本誤倒。

289. **羊肉汁(湆)辟(臂)**(第12簡)

今本臂下有一字。下第13簡同節「豕升(脀)辟(臂)」，第43簡主人獻長賓節「羊胳(骼)」，今本(均)有一字。全書文例，肱骨股骨俱不記數字，今本俱屬誤衍。參見265.條。

290. **司土(士)一七(朼)魚，亦司士載**(第13—14簡)

今本無一字。上尸羊俎云「司馬朼羊，亦司馬載」，尸豕俎云「司士朼羊，亦司士載」，簡本與今本同。此尸侑主人之魚俎，載法當同。「一朼魚」不詞，顯屬[redacted](誤)衍。陳校云：「司土一七」，今本作「司士刌」(今本無刌字)，不知陳氏何所據；七

字逗，不知當作何解？均誤。

291. 右取韭俎擩（𢪏）于三豆（第14簡）

今本俎作菹。俎[redacted]胾牲體，不盛葵韭，顯屬誤寫。

292. 尸取醴（體）賁（簣），宰夫贊者取白黑以授尸，尸受，兼祭于豆祭（第15簡）

今本豆祭作豆閒。少牢第25簡尸入十一飯節『上佐食取黍稷于四敦，下佐食取牢一抈（切）肺于柤（俎），以授上佐食；[redacted]上佐食兼與黍以授尸；尸受，同祭于豆祭。』簡本與今本同。鄭注：『合祭於菹豆之祭也。』此亦以醴賁與白黑合祭，當作豆祭，簡本是也。

293. 左手執俎 左廉，宿（縮）（第15簡）

今本縮下有之字。上第6簡同節『左手執[redacted]几，宿（縮）之。尸還（還）几，宿（縮）之。』簡本與今本同。彼為尸受主人所授几，此為次賓受雍人所授俎，其儀同。『縮之』，彼[redacted]指几，此指俎，無之字不詞，簡本誤脫。

294. 二手執桃匕枋（以）扱汁（湆），注于疎（疏）枇，若是（者）三（第16簡）

今本桃作挑。阮元校勘記云：『桃匕，唐石經、徐、陳、通解、要義、楊氏俱作挑，釋文、集釋、敖氏俱作挑，[redacted]當以桃為正。』據簡本，知宋以後始有誤作挑者。鄭注：『今文桃作抌』。[redacted]簡本與今本俱用古文。

今本扱作挹。鄭注：『今文挹皆為扱』。[redacted]徐養原疏[redacted]證云：『挹正字，作扱者同聲相借。』簡本用今文。

今本荅作若。[redacted]簡本若皆作如，此應是由若[redacted]誤荅，然則據抄之本亦有作若者。

295. 次賓宿(縮)枇(匕)俎以升[redacted](第16簡)

今本縮下有執字。匕俎即疏匕與俎。次賓左手執俎左廉，右手執匕枋，待受司馬之挹羊湇訖，并執匕俎以升堂而授于尸。縮執為執之之法，縮下無執字不成文理。下第17簡云[redacted]『宿(縮)枇(匕)于俎上以降』，尸嚌湇訖，次賓縮置疏匕于俎上，不必並執，故無執字。此涉下文而[redacted]誤脫。

[redacted]

296. 尸席來坐晬酒（第17簡）

今本來作末。下第25[redacted]簡「席[redacted]來坐晬酒」今本亦作席末。陳校云：「席來不詞，末坐之末，簡本[redacted]來，乃末字之異作」。[redacted]席[redacted]末字簡本俱作末，此二來字俱[redacted]屬寫誤，異作之說非也。

297. 主人北面于東楹東荅拜（第17簡）

今本同。鄭注：「古文曰東楹之東」。古文多一之字，簡本、今本俱用今文。

298. 嚌之，興，反于俎（第18簡）

今本反下有加字。此尸祭、嚌羊肉湇俎之嚌肺，嚌少許訖，即置于羊正俎上。下尸祭羊燔訖，云「嚌之，興，加于羊俎」，簡本與今本同。均非返置原俎，或曰反加，或曰加，重在加字，可證[redacted]簡本誤脱。

299. 司馬宿（縮）墺（奠）俎于羊俎南（第18簡）

今本羊下有湇字。下第26簡主人受尸酢節「司馬宿（縮）墺（奠）汁（湇）俎于俎西」，今本于下有羊字。上司馬羞羊肉湇[redacted]為加俎，設于席上者，不過將俎中牲體加于羊正俎上，旋即撤去。[redacted]本是羊湇俎，何能復奠于羊湇俎南，故李如圭、

敖繼公、方苞均謂今本湆字爲誤衍。張爾岐云：『經文「司馬縮奠俎于羊湆俎南」，疑誤，觀下受酢羞肉湆節，當是「縮奠湆俎于羊俎南」。』案張説是也。據二本對勘，簡本此文羊下無湆字甚善，但墳下誤脱湆字，下文于下誤脱羊字，而今本則誤移湆字于羊字之下，當如張氏所正者。

300. 卒載，宿（縮）執俎以降（第18简）

今本[redacted]載下有俎字。阮元校勘記云：『周学健云：[redacted]「石經載下無俎字」。按今本石經「載縮」二字已壞，補缺[redacted]（誤）補俎字，遂脱縮字，周所[redacted]（據）猶未壞本也。』全書文例，卒載下俱無俎字，受酢節今本亦無俎字。據简本可定今本爲衍。

301. 婦贊者執二邊（籩）[redacted]禮（醴）賁（蕡），主婦不興受之（第20简）

今本蕡下有以授主婦四字。此主人獻侑節，上主人獻尸，主婦爲設四豆四籩，『婦贊者執菹醢，以授主婦，主婦不興受。』『婦贊者執白黑，以授主婦，主婦不興受。』下主婦受尸酢，『婦人贊者執醴蕡，以授婦贊者，婦贊者不興受。』简本俱與今本同，均言授復言受，詳記其儀，層次極爲分明。又下主人受尸酢，主婦爲設二籩二豆，『婦贊

者執（二籩）禮（醴）賁（蕡），主婦不興受。」主婦獻[redacted]尸，「（主）婦贊者執豖刑（鉶）以從，主婦不興受。」簡本與（亦俱）今本同，均言受不言授，不過省其記敘之文，其儀固不異也。下第72簡不賓尸賓長三獻節「婦贊者薦韭菹醢，（菹）在南方，婦人贊者執棗糗（糗），婦贊者不興受。」今本糗下有「授婦贊者。」並此文今本均詳記授受，而簡本言受不言授。據儀注論有受者必有授者可知，則省文亦自可通。所應注意者，全書鄭注記今古文之異，今文每多省字，豈高[redacted]（堂）生背誦時，義可通則省其字與？

302. 婦贊者執禮（醴）賁（蕡）（第24簡）

今本執下有二籩二字。此主人受尸酢，主婦為薦二豆二籩。主婦獻侑節「婦贊者執二籩（籩）禮（醴）賁（蕡）」，簡本與今本同，有二籩二字；主人獻尸節「婦贊者執昌菹酭（醢）」「婦贊者執黑白」，[redacted]主婦受尸酢節「婦人贊者執禮（醴）賁（蕡）」，簡本與今本同，俱省二豆或二籩二字，其義固不異也。此節簡本省而今本不省，猶前條之例也。

303. 主人降延（筵）自北面于階上（第27簡）

今本自下有北方二字，于下有阼字。上「司宮設席于

東序，西面」，則主人席以北為上，故升降俱由北方。受尸酢，「主人東楹東北面拜受爵」，東楹東即阼階上。受爵後即「主人升筵自北方」，在席上祭酒啐酒，祭肺嚌肺，祭燔嚌燔，至此復降筵自北方，至阼階上卒爵。簡本無北方二字，[redacted]不明降自何方，上文升筵自北方，簡本與今本同，則此與前文不相應矣。簡本又無阼字，則不明何階，與上東楹東拜受爵又不相應矣。觀下圖其儀自明。且「自北面于階上」句不成文義，經師將何以講解？顯係誤脫三字。

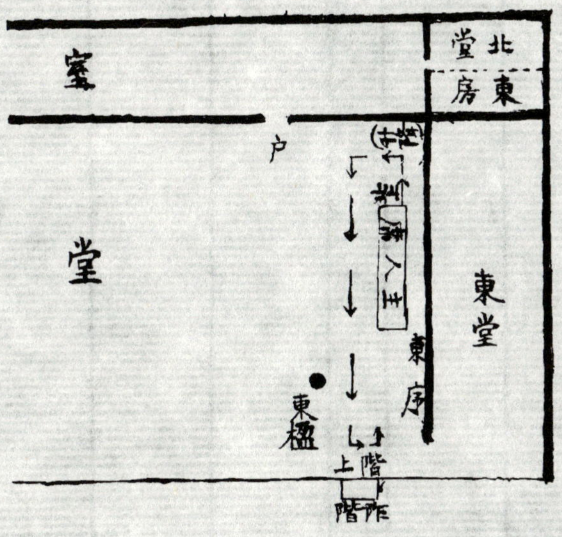

304. 主人及尸或(侑)皆就延(筵)(第28简)

今本皆下有升字。下主人獻私人節「主人就筵」鄭注：「古文曰升就筵。」然則彼文今本用今文(简本第51简爛餘)，而此文今本用古文，簡本用今文。胡承珙疏義云：「單言升或單言就或升就連言之，文無一定，義並可通。但既云就則升字可省，故鄭從今文。」筵與席同，燕禮、大射言「升就席」者多，則何來可省之文？此文今本用古文，則鄭從今文之說更謬。

305 取枲與段脩（第29—30簡）

今本枲作糗。陳校云：『此是簡寫，下諸簡又譌作稞或粿。』按此皆漢隸俗體。

今本段作腶。釋文：『與腶，丁亂反。本又作段，音同。』[redacted]士昏婦見舅姑節『受[redacted]（筭）腶脩』，釋文：『段脩，丁亂反。本又作腶。』瞿中溶漢石經攷異補正云：『石本原作段，朱梁重刻譌作股，陸氏作段，與石本原刻同。』昏義『執筭棗栗段脩以見』，釋文：『段脩，本又作腶。』昏義本士昏為說，則皆當作段。有司亦當作段。陸氏界劃甚明，可據改也。鄭注：『今文腶為斷。』（簡本、今本皆用古文。）公羊傳莊公二十四年『斷脩云乎』，釋文：『斷脩，丁亂反，注同。本又作腶，音同。』公羊傳今文，與有司注今文合。

306. 次賓羞豕汁（湇）如羊汁（湇）之禮，坐啐酒（第30—31簡）

今本二湇字上各有匕字。此主婦獻尸，與主人獻尸略同。主人獻尸，[redacted]（從）獻者凡五，即豆籩一，正羊俎二，羊匕湇三，羊肉湇四，羊燔五。主婦獻尸，從獻者凡五，即兩鉶一，糗脩二，豕匕湇三，豕脀四，豕燔五。從獻者，加俎也。所云『如羊匕湇之禮』者，即主人獻尸節：『雍人授次賓疏匕與俎，受于鼎西，左手執俎左廉，縮之，卻右手執匕枋，縮于俎上，以東面受于羊鼎之西；司馬在羊鼎之

東，二手執挑匕枋以挹湇，注于疏匕，若是者三。」「次賓縮執匕俎以升，若是以授尸；尸卻手受匕枋，坐祭，嚌之，興，覆手以授賓；賓亦覆手以受，縮匕于俎上以降」。[redacted]所不同者，此用豕，彼用羊耳。羊匕湇者，羊鼎之肉汁，注于有淺斗之疏匕以加于俎上者。又有司馬羞羊肉湇，乃羊肉之帶汁者。羊匕湇、豕匕湇俱是汁，俱用疏匕，故此匕字甚重要，無匕字將與肉湇相混。又主人受尸酢節「次賓羞匕汁(湇)如尸禮」，即羊匕湇，簡本亦有匕字，與今本同，[redacted]可相決也。凡此均足證簡本[redacted]誤脫。

今本坐上有尸字。次賓羞豕匕湇後，尸即啐酒嘗上鉶。[redacted]重發端，應有尸字，否則文承次賓，啐酒嘗鉶將[redacted]屬次賓事，義不可通。簡本[redacted]誤脫。

307. 受酢爵（第32簡）

[redacted]上節

今本酢爵作爵酢。

主婦獻尸，此節主婦獻侑，文承「主婦荅拜」下，則「受爵」者，[redacted]主婦受尸「坐卒爵」之虛爵。酢者，主婦酢酒。受爵有單稱受，酢爵有單稱[redacted]酢。簡本「受酢爵」，今本「受爵，酢」，均可通。下主婦致爵于主人節「受爵，酢以致主人」，與此文今本「受爵，酢獻侑」句例相同，當以今本為長。

今本爵酌下有獻侑侑拜受爵六字。此主婦獻侑，主婦酌酒後，下無『獻侑』二字，不明獻于何人；無『侑拜受爵』句，不明何以下文有主婦之荅拜。有侑拜受爵，方得有主婦之拜送爵。此六字顯係简本誤脱。

308. 主婦主人〔之〕北荅拜（第32简）

今本荅上有西面二字。鄭注：『今文無西面』。简本用今文。堂上無主婦席位，其獻尸、侑，即就主人之席北西面拜送。上主婦獻尸，『主婦西面于主人席北』，此獻侑云『主人之北』，即席北。無西面二字，無以明其拜位未變，古文為長。

309. 司士宿〔縮〕豕升〔脊〕以升（第32—33简）

今本豕上有執字。無執字不成文義。下載于羊俎後，『乃縮執俎以[redacted]降』，即執此豕脊。简本亦有執字與今本同，則此文係[redacted]誤[redacted]脱無疑。

310.載于羊俎，卒載，乃宿(縮)執(執)俎以降(第33簡)
今本卒下無載字。主人獻尸節「乃載于羊俎，卒載，宿(縮)執(執)俎以降。」主人受尸酢節「乃載之，卒載，宿(縮)執(執)虛俎以降。」今本均與[redacted]簡本同。以彼決此，當[redacted]從簡本。

[redacted]

311.主人其祭臬(糗)脩(脩)祭刑(鉶)祭酒受豕匕汁(湆)啐酒，皆如尸禮，嘗刑(鉶)不拜(第34簡)
今本啐上有拜字。此主婦致爵于主人節，云「如尸[redacted]禮」，如主婦獻尸節之儀。胡氏正義云：「唐石經有拜字。」

賈疏云：「按前主婦獻尸，嘗鉶有拜，坐啐酒不拜，與此違者。彼拜雖在嘗鉶下，其拜仍為啐酒，是以特牲、少牢尸嘗鉶皆不拜。或此[redacted]經啐酒之上無拜文，有者衍字也。」張爾岐句讀云：「愚按疏言，謂經嘗鉶不拜，正謂啐酒不拜耳。啐酒上拜字衍。」盛世佐云：「今以上文考之，云次賓羞豕匕湆如羊匕湆之禮，尸坐啐酒」，即此所謂「受豕匕湆啐酒」也，受豕匕湆與啐酒之間絕無所拜者，則此經拜[redacted]字之為衍文信矣。」今得簡本無拜字，証賈之說或並張、盛之說是也。此文所記，蓋著明祭糗脩、祭鉶、祭酒[redacted]受豕匕湆、啐酒五者與獻尸禮同，唯嘗鉶不拜為異。主

婦獻尸節：「尸坐啐酒，左執爵，[redacted]嘗上鉶，執爵以興，坐奠爵拜，主婦荅拜」。即拜嘗鉶也。賈疏謂「其拜仍為啐酒」，獻尸不拜啐酒，賈之前[redacted]說誤也。

312. 主人立于洗東北面，或（侑）東面于西階西南（第35簡）

今本北下有西字。此主婦受尸酢，尸降堂為主婦洗爵。與主人受尸酢時不同，彼主人降堂辭洗，此主婦不降堂而入于房，而主人與侑不參與其事，以尸已降堂，不敢獨居堂上，故亦從降而俟

主人侑俟洗圖

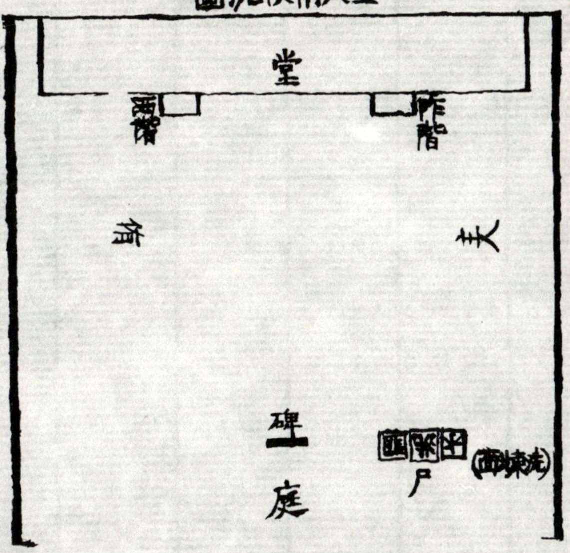

尸洗。侑俟于西階西南東面，則主人必在洗之東北（即阼階東南）西面，二人方得相對而立。如在洗東北面，則與侑既不相對，又嫌與于尸並立，降堂俟洗之義無由表[redacted]達，觀上圖可見，知其必不然也。简本誤脱。

313. 主婦入于房，司宫設席于房中南面于席西（第36—37簡）

今本面下有主婦立三字。鄭注：「今文曰南面立于席西。」[redacted]阮[redacted]元校勘記云：「徐本、集釋、通解同，毛本立作尸。」尸無入房之理，毛本誤。主婦入房，司宫為設席，婦贊者為薦籩豆，設畢始得升席。待設[redacted]席薦之際，主婦應有立位。今文作「南面立于席西」，句無主詞，承上文將為司宫立于席西，有司執事者豈得有房中立位，而南面顯係

席之面向，應屬上讀。必依古文作『主婦立于席西』，席西立位既明，則侍設席之義亦顯矣。據此可斷今文實誤，故胡承珙疏義斥為『文義不明』。簡本用今文而又脫立字，其誤更甚。

314. 婦贊者薦韭菹醢（醓），坐設于延（筵）前（第37簡）

今本設作奠。作設是也。特牲、少牢言豆籩俎鉶之置于筵前也，俱作設無作奠者。有司亦作設，偶有作奠，簡本與今本俱同，惟此文以簡本作設今本作奠為異。[redacted]

315. 主婦入于房（第39簡）

今本于上有立字。主婦受尸酢後，尸、侑、主人就筵，堂上將上賓獻尸，主婦無事，退入房中，當有立位。上主人獻侑，主婦薦豆籩後，亦『主婦入于房』，主婦受尸酢，主婦薦豆籩後，亦『主婦入于房』，均為堂上無事而退入房中。又主婦受尸酢，尸降堂洗爵，主婦不得從降，又不得獨處堂上，故亦『主婦入于房』。此等均係暫入，不久即仍參與堂上禮事。而[redacted]受尸酢後賓三獻至禮畢，主婦均不參與，不復至堂，入房應著[redacted]立位。上有立于席西之文，此亦立于席西。無立字則其儀不明，簡本當係涉上諸『主婦入于房』[redacted]句而誤脫立字。[redacted]

316. 尸𡏖（奠）爵于左（第40簡）

今本左上有薦字。薦左，臨之左，無薦字義固無異也。主人酬賓節簡本、今本同作薦左，主人受尸酢節簡本、今本同省薦字。惟此文與主人酬尸節簡本有薦字而今本不省，簡本多省[redacted]字，此又一顯證。

317. 主人洗觚，尸或（侑）降，主人𡏖（奠）觚于匪（篚）（第40簡）

今本洗上有降字。洗在庭，洗爵必降，可省降字。然此尸辭洗，侑尸[redacted]言降，則主人洗爵亦以有降字為長。

今本二觚字作爵。下「主人賓觶州（酬）尸」、「主人𡏖（奠）觶于匪（篚）」句，簡本作觶，今本作爵。陳校云：「它篇並此篇簡文觶多作觚。而此簡觚、觶並見。」今本觶簡本作觚，說見151條。獻用爵，酬用觶，此節洗[redacted]觚」簡本作觚是也。但凡奠爵、卒爵之文當作爵，簡本作觚誤。參見384條。

318. 尸西楹西荅拜（第40簡）

今本荅上有北面二字。此尸拜受爵對上主人拜送爵，彼云「東楹東北面坐𡏖（奠）爵拜」，則當著面向也。簡本誤脫。

319. [redacted]南面拜衆賓于門東三（第42簡）

今本三下有拜字。鄭注：『言三拜者，衆賓賤，旅之也。』拜有三者，旅拜也，非禮有三拜也。简本作『拜于東門三』是也。然則鄭云『三拜』釋旅拜之義，不足為所據本三下有拜字之[redacted]證。

320. 左執爵興[redacted]（第44简）

今本無左字。陳校云：『今本脫左字』。今[redacted]篇『執爵興』或『執以興』或『執爵以興』句[redacted]無用左字者，此非今本之誤脫，而為简本涉上文『左執爵』句而衍。陳校誤。

321. 其位在洗東南西面北[redacted]上（第49简）

今本無南字。此主人獻兄弟，在阼階上受獻，降至庭之東壩下就位。兄弟即衆兄弟，其長稱先生，兄弟人數不定。北上，據先生之位，衆兄弟依次而南，私人繼衆兄弟而南。依左圖推此，今本無南字，則北上之位當洗之東，以洗為節。简本作『洗東南』，則位近中庭之東。今案：士冠主人與賓各就内外位節：『兄[redacted]弟畢袗玄，立于洗東西面北上』。[redacted]可見洗東為庭中兄弟之位。據彼[redacted]證此，知今本此文不誤。又上

兄弟洗東之位圖

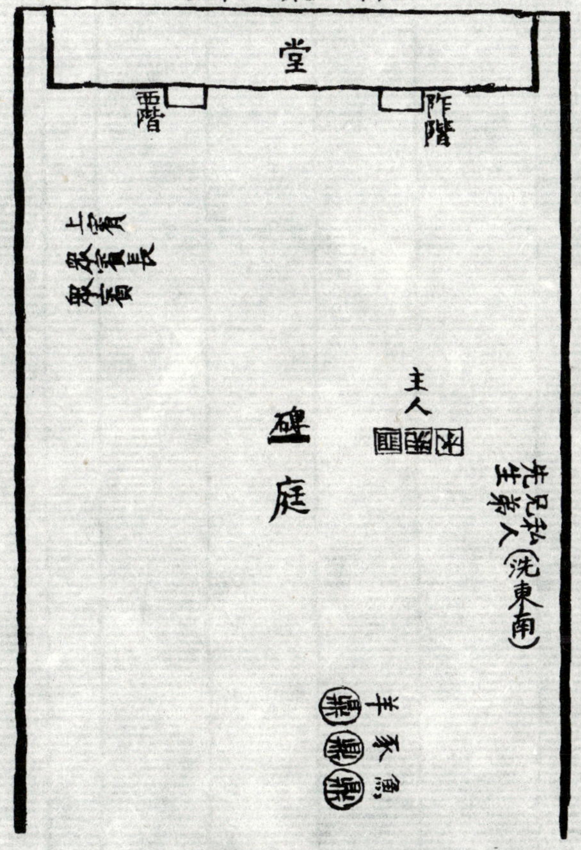

主人獻長賓節：「賓坐取祭以降，西面坐委于西階西南」[redacted]賓之庭位在西階西南，而兄弟為主人黨，既不應與賓黨正對相匹敵，亦不應與賓黨相距過遠，以洗為節，最為適當。據此可証簡本誤衍。

322. 三獻合(荅)拜受(第53簡)

今本受下有爵字。同簡下「主人拜受」，第55簡「尸或(侑)皆拜受」，第56簡「主人拜受」，第71簡「賓拜受」，今本受下俱有爵字。又第72簡「酌致于主婦」，今本致下有爵字。今本亦有省爵字與簡本同者，然簡本省字更多也。

323. 尸在其右以尸升延(筵)(第54簡)

今本以下有授之二字。此上賓(即三獻)受尸酢，上賓在西楹西與尸並立，故尸在其右授爵。無授之二字不成文義，簡本空一格，豈所據之本有誤，留空以待補者？

[redacted]

324. 鄭于作(酢)階上州(酬)主人(第56簡)

今本鄭作就。尸酬主人，先自[redacted]飲，復酌酒，以授主

人。簡本奠作鄭，尸與主人並立于阼階上，此時無奠爵之[redacted]事，亦無奠爵阼階上之法。鄭注：『言就者，雖主人立待之。』正義云：『自尊所[redacted]就之也。』釋就字俱[redacted]確。簡本誤。

325. 兄弟之後生者舉爵于其長（第58簡）

今本爵作觶。鄭注：『古文觶皆為爵，延熹中詔校書，定作觶。』簡本用古文。然則延熹校定者，用今文作觶耳。參見384條。

326. 北面于作（阼）階南，長在左（第58—59簡）

今本面下有立字。此兄弟後生舉觶，鄭注：『後生，年少也。』兄弟之長稱先生，其年少者稱後生。兄弟之位在東[redacted]壁，其長南北以當洗為節，此時舉觶于其長，後生與長均轉至阼階之南，北面。觶之授受當立，毋須更著立字。上尸酬主人，『北面于阼階上酬主人，主人在右。』句法正同。據簡本相[redacted]證，今本立字[redacted]當係誤衍。

327. 若不賓尸（第61簡）

今本同。陳校云：『唐石經賓作儐。』阮元校勘記云：『石經考文提要云：此以下注疏中儐賓雜出，然經文儐凡

十三見，皆作儐，不應此獨作賓。」又云：「按通篇儐尸之儐或作賓，或作儐，諸本錯互，今不悉校。據經文作儐，則[redacted]當以儐為正。賓、儐或古字通用，其作擯者誤。」今案：說文貝部：「賓，所敬也。」人部：「儐，導也。从人賓聲。擯，或从手。」廣雅釋詁：「賓，敬也。」「儐，道也。」二字義別而古多通段，書堯典「寅賓出日」，偽孔傳：「賓，道也。」穆天子傳「內史賓侯」，郭注：「賓相。」俱段賓為儐。周禮司儀職：「賓使者如初之儀」，鄭注：「賓當為儐。」賓客字當作賓，儐相字當作儐或擯，據司儀職注，鄭氏辨析甚明。有司賓尸，鄭注「賓客尸而迎之」，蓋少牢事尸于室，以神事之；有司賓尸則以賓[redacted]客之禮事尸，

故當作賓。鄭所據本如作儐，注必云「儐當作賓」，然而無注者，則其本必作賓。今本經文賓、儐錯互，賓出鄭氏之後。簡本除爛缺者外俱作賓，正見漢時諸本作賓不作儐，足[redacted]證簡本之善。擯為儐之或體，既有段儐為賓，自可段擯為賓，阮校均誤。卜辭有「王賓」，正是此禮，禮經所述，猶有殷禮遺制。

328. 乃⿰扌席于魚腊柤（俎）（第62簡）

今本⿰扌席作撫。陳校云：「字經削改。簡似作⿰扌席，泰射第三十五簡席作⿰扌席。」陳說雖含糊，其意蓋斷⿰扌席為席字。然席于魚腊俎成何文義，萬不可通。鄭注：「古文撫作⿰扌舞。」

胡承珙疏義云：「毛本古文作今文，摕作摭，今依宋十行本訂正。」徐養原疏[redacted]證云：「俗本作今文，今從嚴本。釋文宋本作摕，與嚴本合。」簡字經削改，字形雖與揥相似，實是摕之誤寫。蓋原依今文作摭，後改用古文作摕，故右旁上似啇，下似巾也。字書無揥字，作席更無義，即泰射之「揥工于西階上」，亦不過為席之誤加形旁字，詳彼篇。說文手部：「摕，撮取也。」西京賦「摕飛鼯」薛綜注：「摕，捎取之也。」[redacted]又[redacted]：「拓，拾也。从手石聲。摭，或从庶。」拾取與撮取義相似，今古文惟字異耳。

329. 主婦敗邊(籩)于房中(第64簡)

今本敗作反。荀子儒效篇「積反貨而為商賈」，楊倞注：「反讀為販。」叚反為販。簡乃叚販為反，如叚駕為加，叚鄭為奠，誤加形旁，簡本多有此例。

今本邊上有取字。賓尸在堂，不賓尸在室，其儀則同。豆籩陳于房，獻尸酒[redacted]後，主婦反房中取以設于尸席。上主婦獻尸節：「入于房，取糗與腶脩，執以出，坐設之。」彼賓尸在堂，由堂入房，又執以出房至堂；此不賓尸在室，則由室至堂，由堂入房，取豆籩出房至堂，由堂入室。曰入曰反，反入于房也。彼有取字，此當與[redacted]彼相同。無取

今本多所據，多據古籍通用，[redacted]而本從而多據今說甚明，

今本據所改，下亦以而同耶，『誠是(謹)書』。或改之曰。

(今同)韓[redacted](13—11面)

332. 祝，改，如于所，本說，主婦祥，祝以下證，合

實，與下字將為致辭祭，審，實不可通。而本[redacted](設)既。

祭曰，議設獨同，兼上有下字，而本與今本同。此文承次

今本兼上有下字，上『祝東面』以改下，下兼祭于豆

東(謹)，祭祭，祭(肩)以(15—14面)

331. [redacted] 東再拜(謹)于

禮漢簡異文釋

設[redacted](如下圖)可以推計之。簡本誤脫。

還而不見，嫡且在東東廟廟不合。下席於

此婦贊者東二還以後主婦設于席於一

席根南，根在東南『乃嫁根而南順設之。

婦反席東二還曰東曰根，設于席云下東

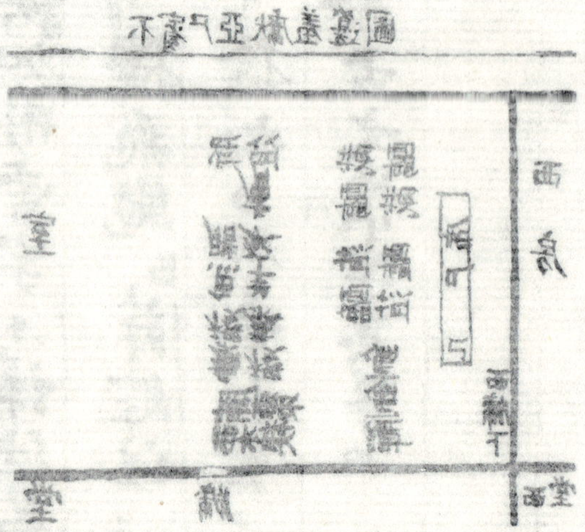

今本在下有饌東牖在四字，此主婦設於還四。上主

東(謹—[redacted]面)

330. 婦贊者執棗糗，主婦不興受，設(謹)於，東棗糗

本[redacted](誤)脫。

字則及還于席中，于古要設，還設于席于……于本可通。簡

此文祝受尸所授，誤受為授。[redacted]下文[redacted]洗酌受尸[redacted]，誤授為受。
今本荅上有尸字。此荅拜為尸荅主婦之拜送爵，無尸字將為祝荅拜，此主婦亞獻，祝相尸無拜[redacted]。尸卒爵，主婦拜送爵，待祝受尸之虛爵，尸即荅拜，層次甚明，簡本誤脫。或人將问：卒爵為尸卒爵，上無尸字，亦將成[redacted]祝卒爵乎？曰否。此文首云『尸左執爵』，後祭四籩、祭酒、[redacted]啐酒、祭燔、嚌燔，爵始終在尸手，至卒爵，固不嫌于祝卒爵也。[redacted]

333. 主婦主人(之)北面拜[redacted]受爵（第66简）

今本主婦上有尸以醋主婦五字。主婦獻尸，尸即醋主婦。上祝洗爵酌爵以授尸後，無此五字，尸未醋，主婦何由拜受爵？簡本顯係誤脫。

今本無西字。主婦室中無位，必依乎主人為位，主人席西面，主婦決無北面之拜。簡本[redacted]誤衍面字。上主婦獻侑節『主婦主人之北西面荅拜』，鄭注：『今文無西面』。簡本無西面二字，實用今文。此節今本無西面二字，亦用今文，鄭漏注『古文有西面』耳。據此可証鄭氏所據本亦如簡本之今古文錯雜並用，彼實未嘗改易經字。簡本此文有

簡本「今」古文皆雜作「困」，從賓省聲為■字。簡本此文有
「文」，「廟」漏注「：古文有「西面」」耳。據此可證「廟」及今據本亦加
季無「西面」二字，實則今文亦無此句。今本無「西面」二字，亦因今
節」「主婦主人」之「北面」答拜」。「廟」注」「今文無西面」。」簡
本「西面」。主婦洗爵北面之拜，簡本■許「西」字，上主婦獻酒
今本無「西」字。主婦室中無位，故本主人之位，主人
由拜受獻「一」簡本闕誤說。
婦」上祝洗爵酌獻以授，後無此五字，今本增。主婦何
今本主婦上有「以」酌主婦正字」。主婦獻，今即酌主

333 主婦主人受爵北面拜受(爵)（增以酌）

韓漢簡書文字說辨

一百六

祝，卒爵，出。
■卒，酒，祭，嚌，啐，爵，酢，拜于户內，至卒爵，因不拜于
卒爵者「…」曰：否。此文有云「不失儀節」，從祭四豆，卒酒
誤，說，故入卒爵：「卒爵者不卒爵」，上無「不」字。亦■故
主婦拜送爵，祝受爵以東房，不即答拜，尸答其受，簡本
字，主婦拜，祝答拜，與主婦立西廊，祝相尸無拜■，尸卒爵，
令本各上有「尸」字。此者拜送尸者主婦之拜送爵，無「
此文祝受尸卒，授，說見前。
十文■酒，故尸■，說授意改。

面字，可證[redacted]原為古文，以今讀古並隸寫時，今文滲入古文，彼節刪去西面二字，此節欲刪去而誤留西字。于此殘痕，正見以今讀古而使今古文混淆，遂致今古文各有或本流傳矣。參見150條。

334. 主婦洗于房（第68簡）

今本房下有中字。下第77簡禮終尸出節「復位于室」，今本室下有中字。簡本多省字也。

335. 婦贊者薦韭菹醢，在南方（第72簡）

賓致爵主婦席位圖　主婦致爵主人席位圖

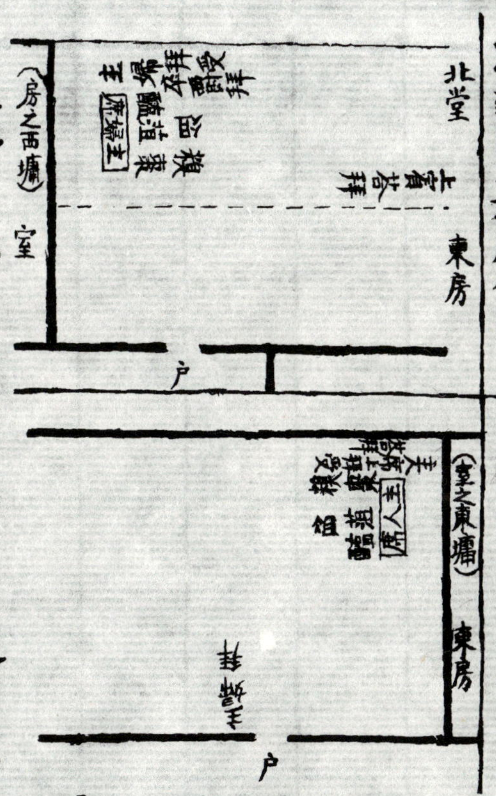

今本在上有菹字。此賓致爵主婦于房中北堂，婦贊者進韭菹與醢二豆，席在北堂西墉下東面，其設之之法，醢在北，菹在南，無菹字，二豆均設于南方，不僅無此設之之法，且在何器之南，仍不能明。上主婦致爵主人節：「主婦薦韭菹醢，坐設于席前，菹在北方。」簡本與今本同。彼主人席在室中東墉下西面，故菹在醢北，適相反。[redacted]（見右圖）以彼決此，簡本誤脫菹字。

336. 羊㯻豕折羊脊脅肺一（第73簡）

今本㯻作臑。下『腊臑』句簡本亦作臑，與今本同，此文係涉『㯻于醢』句而誤。

今本肺上有祭字。阮元校勘記云：『唐石經無祭字。』此乃離肺，非祭肺。敖繼公謂『祭字誤衍』，彼未見石經，已斷為衍字；今得簡本，更證今本[redacted]之誤。

337. 作（醋）于主人，戶西北拜（第74簡）

今本北下有面字。此賓長三獻，賓自醋于主人，簡本無面字則『戶西北』之拜位究在何地，且無面向，全書無此文例。室中主人席在東墉下西向，則拜必西面；尸席在西墉下東向，則拜必東[redacted]面。賓室中無席，其醋主人，東面拜則嫌于背尸，故必北面而在戶之西、斜向主人席而拜也。上賓獻尸止爵云『賓戶西北面答拜』，如西面拜亦嫌于背主人，故亦在此位而斜向尸席而拜。彼文簡本有面字與今本同，則此文誤脫面字無疑。

338. 賓以爵降賓于匪（篚）（第74簡）

今本降下賓字作奠。簡本賓實多互掍，此當是實字。下第76簡次賓長為加爵節『賓以爵降奠于匪（篚）』，今本奠作賓。簡本奠（奠作）[redacted]，二本奠賓互易，義固無異也。

339. 主人降興拜衆賓(第75簡)

今本無興字。拜者，由立而坐(如今之跪)而拜。興者，由坐而起之謂也。此降堂未坐，無興之可言。而「興拜」更不詞，與後決無拜者。簡本誤衍。

340. 洗獻賓(第75簡)

今本獻下有衆字。此降堂後拜衆賓，即為獻衆賓。衆賓包括上賓以下，無衆字將成上賓一人。賓尸于堂主人獻長賓節「主人降，南面拜衆賓于門東三」，即此「主人降拜衆賓」；以[redacted]後之獻長賓、辯獻衆賓等儀，即此「洗獻衆賓」，故此節下文云「皆如賓禮」。如不獻衆賓，與賓尸于堂不同，則此文不當云「皆如」也。簡本誤脫。

[redacted]

341. 主人洗獻兄弟與內賓與私人皆如賓禮(禮)(第75—76簡)

今本禮下有其位其薦脀皆如賓禮九字。此不賓尸主人獻主人之黨，與獻衆賓同，惟無酬醋為異。如賓禮者，賓尸于堂有主人獻兄弟、內賓、私人三節，與彼相同，則此九字不可省，簡本誤脫。

342. 賓長義于尸昨（醋）（第76簡）

今本義作獻。書大誥『民獻有十夫』，尚書大傳作『民儀有十夫』，獻與儀通，而簡本儀又均作義。

今本重尸字。此次賓■獻尸而尸醋也。特牲佐食獻尸節『利洗散獻（于）尸，作（酢）』，與今本同，皆有尸字，則此文不過有省有不省耳。

343. 交錯與州（酬）（第76簡）

今本與作其。簡毌字（與），陳校云：『簡文其與二字形體相近易混。』上賓尸于堂二觶交錯爲無筭爵節『賓及兄弟交錯其州（酬）』，簡本亦作其，則此誤作與也。

344. 主人降，立于階東西面，尸休（謖），祝洗，尸從（第77簡）

今本階上有阼字。堂前二階：阼階，西階。單言階則不知何階？主人升降必由阼階，上『主人出，立于阼階■上』，出室後立于阼階上，故降堂後立于阼階東。簡本脫阼字。

今本洗作前。此禮畢尸出，何來祝洗之儀。賓尸在堂，■立侑輔尸，上迎尸及侑節：『尸入門，左，侑從，亦左。』

不賓尸，祝𬖳尸，尸行，祝任前導。特牲尸出歸尸俎節：「尸謖，祝前，主人降。」簡本與今本同。祝前尸之儀，士虞記最詳備：「尸謖，祝前，鄉尸，還；出戶，又鄉尸，還；過主人，又鄉尸，還；降階，又鄉尸，降階，還；及門，如出戶。尸出，祝反，入門左，北面復位。」此文前尸，應如彼儀。少牢第42簡祭畢尸出廟節：「祝先，尸從。」祝前亦有作祝先。此文簡本亦當作先，書手誤加水旁，如加作駕，[redacted]作鄭、墺，朋作崩，反作販[redacted]也。

345. 祝命佐食徹尸俎（第77簡）

今本[redacted]作徹。陳校云：「簡文[redacted]字从行，亦見七十九簡。」按集韻徹[redacted]：「徹。[redacted]或作[redacted]。」此徹字从行，其例相同，亦是或體。

346. 眾賓出，主人送于廟門外[redacted]（第79簡）

今本送上有拜字。上賓尸于堂禮畢節：「尸出，侑[redacted]從，主人拜于廟門之外。拜，尸不顧。」鄭注：「拜送之。」[redacted]又：「拜侑與長賓，亦如之。眾賓從。」鄭注：「從者，不拜送也。」拜長賓而不拜眾賓。此文眾賓包括長賓在內，故鄭注「拜送賓也者，亦拜送其長。」當有拜字，簡本誤脫。

347. 歸入　乃徹（徹）（第79簡）

今本歸入作婦人。陳校云：「簡文人、入不分，而歸婦易譌（形近），似應從簡文，鄭注不及婦人之義，可證。此歸字經塗改。「乃反歸」之歸字削改。」陳氏（校記）明確判定今本之誤，全文祇三、四[redacted]見而已，而所斷均誤。所謂歸字經塗改，實係原誤寫歸而塗改為婦，舊痕尚在，摹本誤。全書無反歸連文，「乃反」指主人，屬上文，陳氏[redacted]斷句誤。陳氏云「人入不分」是也，但未[redacted]斷當作人抑當作入，婦作歸而上屬，則無論作「人乃徹」或作「入乃徹」，俱屬不詞。陳氏云：「鄭注不及婦人之義」，更屬大誤。上句注「不使有司者，下上大夫之禮。」彼上大夫賓尸于堂，由有司徹；此下大夫不賓尸，故由婦人徹。下句注「有司饌之，婦人徹之，內外相兼，禮殺。」則明言婦人。賓尸于堂禮畢云「有司徹」，注云：「雖堂上，婦人不徹。」反[redacted]證不賓尸室中之饌由婦人徹之。鄭注前後一貫，反覆證婦人徹義，而陳氏謂不及，視而不見，殊屬可怪。陳氏鄙視古注，余之辨析，亦不敢求助于鄭注，而唯以經文內容為依據。上禮終尸出節「祝命佐食徹尸俎」，又「徹阼薦俎」，是則主人之俎及豆籩之薦皆已徹，而尸之俎已徹而薦未徹。此陽厭

節」上文有司官徹饋，饌于室中西北隅，南面，如饋之[redacted]設」，是則以未徹之尸薦改饌為陽厭。至此，室中尚有祝之薦俎，房中尚有主婦之薦俎。彼賓尸于堂禮，此等俱包括于《有司徹》中。此不賓尸禮，乃由婦人徹。婦人即婦人贊者，當有司徹薦改饌陽厭時，婦人贊者徹室中祝薦與房中主婦薦，敘事先正禮而補此等儀注于文末，例宜如此也。此文當作婦人，簡文原抄有誤，後已改正，徒以摹寫失真，陳校從而臆度之，遂使歧中有歧矣。

348. 衛（徹）牢中之送（第79簡）

今本牢作室，送作饌。陳校云：「簡文選、送二字易譌，但此簡改室中之饌為牢中之選，送疑假作賸字。」案：《禮

經》之牢，乃以羊豕或牛羊豕為主組成若干鼎之總稱。《聘禮》歸饔餼于賓介節「君使卿韋弁歸饔餼五牢」，即飪一牢、腥二牢、餼二牢。飪一牢凡九鼎，乃已熟之牛、羊、豕、魚、腊、腸胃、膚、鮮魚、鮮腊。腥二牢，每牢七鼎，乃已殺而未爨之牛、羊、豕等。餼二牢不用鼎，但仍用鼎數組合，[redacted]乃未殺之牛、羊、豕等。[redacted]此稱牢中即指鼎中也。《有司》為《少牢》下篇，《有司》所用牲體具載《少牢》篇首，《少牢》有雍人陳五鼎，所實牲體，在實鼎饌器節中一一陳列，如「司馬升羊右胖[redacted]」，「司士升豕右胖」，「雍人倫膚九」，「司士又升魚腊」。《有司》「乃設尸俎」後，主人獻尸節：「乃升，司

馬杝羊」，「司士杝豕」，載十二俎，五鼎中已無膊胃，可一一核計。陳氏[redacted]斷此句為「宰中之膳」，[redacted]其說非也。此文宰為室字、送為選字之簡文譔作（形譌）。送，說見191條。室中之譔，即指有司官設譔陽厭之譔。士虞、特牲均不及陽厭之徹，少牢之陽厭在有司篇末，終言之，故徹陽厭之譔。此非當日所徹，故必婦人贊者任之。綜觀禮經各篇，然後知簡本之誤而陳說之無據。

349. 燕禮第十三（第1簡簡[redacted]背）

今本作第六。篇次不同，說見1條。陳校云：「與它篇之分題于兩簡之背者不同。」無固定款式，正見其不過為卷外標識而已。

禮漢簡異文釋　　二百廿六

350. 善宰具（官）選（饌）于寑（寢）東（第1簡）

今本善作膳。下第5簡請命執役者節「請執幕（冪）者與羞善者」，第8簡主人獻賓節「主人酌善」，今本亦作膳。此鄭注所謂「君物曰善」也。簡本燕禮、泰射兩篇凡膳宰、膳尊、膳爵、膳觶、膳匪、執膳、羞膳、酌膳字除爛缺外，惟上三文作善，其餘皆作膳，即燕禮第21、22、38、39、42、48、49簡凡十見，又第1簡「執（執）腊（籠在其北）」，陳校云「腊是膳之誤寫」是也。泰射第4、6、10、11、21、27、28、106、110、111簡凡十一見，俱與今本

同，是簡本善、膳錯雜並用也。周禮膳夫職序官鄭注「膳之言善也」，孫詒讓正義云：「以聲類為訓也，凡鄭云之言者，並取聲義相貫」。金文膳夫字俱作譱，說文譱為善之古文。朱駿聲說文通訓定聲云：「膳實善之段借字」。簡本作善用正字。

351. 當東曹（第1簡）

今本曹作雷。下第45簡燕畢賓出節、泰射第113簡賓出公入節「以賜鍾（鐘）人于門內溜」，今本溜[redacted]作雷。[redacted]泰射（圖版）溜字三點備高，此簡摹本作[redacted]（曹）字者（圖版）左側有墨影[redacted]而右下作田不作曰，惟右上有短畫，遂被誤定為曹字，其實亦溜字也。左傳宣公二年「三進及溜」，釋文云：「溜，屋霤也。」爾雅釋水郭注「從上霤下」，釋文云：「[redacted]（本）又作溜」。皆段溜為霤。

352. 公尊瓦泰兩，有鄷，幕（冪）如郤（綌）如錫（第2簡）

今本鄷作豐。泰射第78、81、84、97簡凡七見[redacted]豐[redacted]字。又麷簡皆作[illegible]。可見簡文豊、鄷錯雜並用。書召誥「則至于豐」，詩文王有聲「作邑于豐」，說文邑部：「鄷，周文王所都，在京兆杜陵西南。」書禹貢：「灃水攸同。」古作豐，用作地名加邑旁或水旁耳。此非地名，亦誤加形旁也。

今本上如字作用，下如字作（若。）簡本凡「𥿋用翟」「魚用䱷」句皆作用，則此文作如[redacted]（當作「用綌」），為書手誤寫。簡本若作如，用今文。

然訓戜之若不作如，泰射第42簡請射納賓節「若丹若黑」，
[redacted]第5簡射日陳燕具席位節「幕（冪）（用）錫若絺」，又皆作若，
則此文下如字亦書手誤寫。

[redacted]

353 尊出旂食于門西（第2簡）

今本出作士。陳校云：「簡出字作出，與士字形近易混。」下第3簡君臣就位節「出立于西方」，今本亦作士。史記呂太后本紀「齊內史士」，集解引徐廣曰：「一作出。」其誤與此簡同。

354 祝使立于門東（第3簡）

今本使作史。禮記雜記上「客使自下由路西」，鄭注：「使或為史。」漢書杜周[redacted]傳[redacted]顏注：「史

使一也」。[redacted]此段使為史。

355. 公降立于作(阼)階之東南鄉(第4簡)

今本重南字。射義云：「古者諸侯之射也，必先行燕禮。」大射之獻酢酬與燕禮同(略)。簡本有燕禮、泰射二篇，可相互比勘，以決其正誤。此就位節，泰射第8簡作「公(降)立于作(阼)階之東南南鄉。」重南字。禮記燕義：「諸侯燕禮之義，君立于阼階之東南南鄉。」

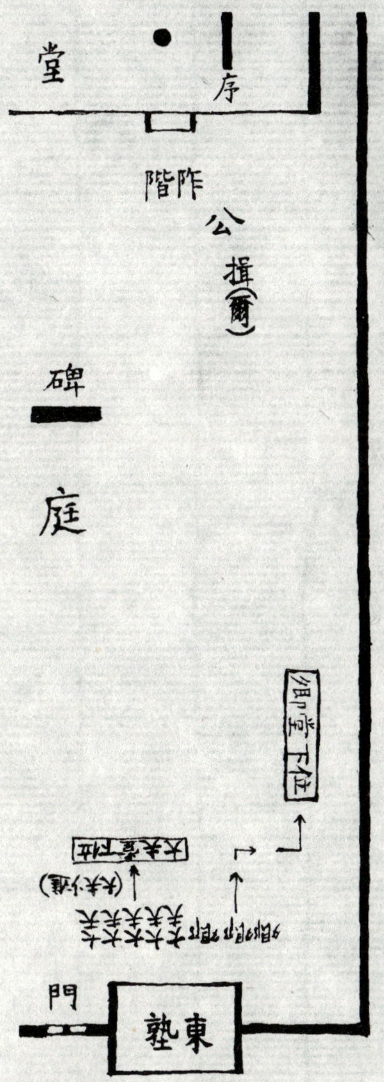

爾鄉爾大夫圖

禮漢簡異文釋

亦重南字。就儀注言，立于阼階之東，則與階齊；立于阼階之東南，則前于階(見圖)。立與階齊，不便升降，以重南字為善，簡本當係誤脫。

356. 西(面)鄉(面)=西面北上，西(爾)大夫皆少進(第4簡)

今本重大夫二字。簡本泰射第9簡同節作「小臣師(師)詔揖諸公卿大夫，諸公卿大夫西面北上；揖大[redacted]夫，皆少進。」今本皆上有大夫二字。鄭注：「變爾言揖，亦以其入庭深也。」上言大夫，誤衍耳。賈疏胡正義均以「二公(諸)卿」句之大夫為衍文。今案：當君(即公)升就堂上位，小臣(大射名小

■臣師」納卿大夫士及執事入門就堂下位。士以下堂上無位，故入門即就位。卿大夫則入門右，並立北向，尊者在東，賈疏稱此為「擬君揖位」，以俟君命。及公降阼階東南南向而揖（即所謂「爾卿」「爾大夫」），于是卿進而改為西面，大夫少進于前立之處，至此方為卿大夫之堂下位，如上圖所示是也。據此儀注，燕禮當作：「爾卿，卿西面北上；爾大夫，大夫皆少進。」簡本誤脫大夫二字。大射當作：「小臣師詔揖諸公卿，諸公卿西面北上；揖■大夫，大夫皆少進。」簡本、今本俱衍二「諸公卿」句之大夫二字，簡本又誤脫皆上大夫二字。燕義云：「爾卿大夫，皆少進定位也。」正據此文概括言之，文雖有詳略，其義並無牴牾，故知記儀之文必如是也。

357. 乃命執（執）＝■幕（冪）＝者升自（西階）」（第5簡）

今本執＝幕＝者作執冪者執冪者。簡本泰射第10簡命賓納賓節「乃命執（執）幕（冪），執（執）幕（冪）者升自西階」，今本上

冪下亦有者。案：執冪為其事，執冪者為任其事之人。二禮下文均有「執冪者舉冪」「執冪者反冪」，則其事各有異稱而其人概稱執冪者。此為公命執冪者其人而非執冪其事，可斷秦射脫者字，此文脫重文號。

358. 擯者(納賓，賓入及庭，公降一等)加之(第5—6簡)

今本擯者作射人。鄭注：「今文曰擯者。」簡本用今文。燕泰射同節「泰(大)射正擯」，「擯者納賓」，簡本與今本同。燕禮以射人為擯者，大射以射人之長為擯者。燕禮省「射人為擯」句，變更之節不明，故古文本仍用未變易之名稱。

當從今文。

今本加作揖。加字不可通。此簡漫漶，摹本寫作加，細審原簡，實非加字，摹者臆定耳。

359. 賓升自西階，主人亦升自西階，擯右北面至再拜，賓合(荅)再拜(第6簡)

今本擯作賓。陳校云：「案作『擯』者是，此擯即前簡之『擯者也』。」陳校輒無斷語，而此校語甚肯定，其實大誤。果如陳說，則「擯右」將作何解？擯為輔相，燕禮射人為擯，乃公(即君)之輔相；士相見士見大夫節「使擯者還摯于門外」，

即大夫之輔相，皆任賓主間傳[redacted]語者。[redacted]上射人請賓、射人納賓（簡本用今文改稱擯者），即擯者以公之命命某為賓復請賓入門。燕禮為[redacted]諸侯與群臣燕飲，命一大夫為賓，又由宰夫代公為主人，故賓入之後，公不與賓為禮，擯者無事，自不必升堂。此節主人拜至（拜賓之蒞臨），賓升西階，宰夫代公為主人，以非真主人，且公席在阼階，故不得升阼階而隨賓升西階，亦不得在阼階上而[redacted]同在西階上與賓為禮，並立而主人在右，故曰賓右。泰射同節簡本作賓與今本同。二禮履云『主人賓右』，主人在賓之右也。陳氏不熟復前後之文，貿然以作擯為是，何其武斷乃爾！

簡本賓擯往往互譌，此當作賓。

360. 主人降洗南西北面（第6簡）

今本重洗字。此主人獻賓節，泰射第11簡同節『主人降洗，洗南西北面。』簡本亦重[redacted]洗[redacted]字[redacted]與今本同。[redacted]『主人降洗』，洗指其事；『洗南西北面』，洗為器名，且明洗時之面位。必西北面者，因待賓降而辭其降，斜向之始得與賓之東面相對。不重洗字，洗字逗則『南西北面』不成文義，降字逗則其事不明。全書固有省洗字者，如[redacted]『某某以虛爵降』或『某某取觶于篚以降』，必有爵觶字始可

省其字而義仍明者，此文非其例也。參以泰射簡本，此實誤脫。

361.〔主人坐〕鄭(奠)柧(觚)于匪(篚)(第7簡)

今本同。鄭注：「獻不以爵，辟正主也。古文觚皆為觶。」此簡[redacted]文柧今本作觚，此文簡本、今本無作觶者，俱用今文。飲酒禮獻賓當用爵，燕禮、大射宰夫[redacted]代公為主人，故避正主用觚，胡承珙所謂「宜降一等」是也。

362.賓洗南坐〔奠觚〕(第10簡)

今本同。簡本奠觚二字漫漶。鄭注：「上既言爵矣，

復言觚者，嫌易之也。今文從此以下觚皆為爵。」以下者[redacted]，指此文並下「賓坐取觚」「賓坐奠觚于篚」三觚字今文俱作爵。然獻賓今文用觚，酢主人不易其爵，則今文仍當作觚。注云「皆為爵」者，或本作爵，脱或字耳。蓋據上注古文自作觶也。簡本二字爛缺一字漫漶，究不知其用今抑用古？泰射同節簡本一字作析，當是柧之誤寫，二字作柧而其一經削改，則簡本皆作柧。然則簡本、今本俱用今文。

363.〔西〕階上坐鄭(奠)爵拜，賓降延(筵)北面合(荅)拜(第15簡)

今本賓重字。阮元校勘記云：「賓，唐石經、敖氏俱不重，徐氏、集釋、通解、要義、楊氏俱重。石經考文提

要云：大射禮此節不疊賓字。」朱大韶云：「不重賓字是也。禮於獻酬酢但言坐奠爵拜，未有言拜主人言拜賓者。鄉飲、鄉射二禮皆云「阼階上北面坐奠觶，遂拜，執觶興，賓西階上答拜。」飲、射主賓分階，燕、大射公席於阼，故賓主人皆於西階。大射儀與此同，亦不言拜賓。」朱氏據儀注推斷今本衍一賓字，今得簡本，其說遂得證實。

364. [redacted]遂鄭(奠)于幕東(第16簡)

今本幕作冪。簡文幕今本作冪。冪為覆于公尊瓦大者。瓦大在東楹之西，而賓席在戶西，相去甚遠，賓之奠爵決非在瓦大之東。薦為賓席之前脯醢俎物，薦東即薦左，酬酒不舉，故奠于薦左。鄉飲、鄉射、燕禮、大射、少牢、有司均同。泰射第21簡同節簡本作「述(遂)鄭(奠)于薦東」，與今本同，則此文幕為薦字之[redacted]誤寫。

365. 騰爵者立于洗南(第17簡)

今本騰作媵。陳校云：「鄭注于此篇曰：「媵，送也，讀或為揚，揚、舉也，今文媵皆作騰」，于大射篇曰：「古文媵皆作騰」，不相一致。馬衡先生據熹平石經定騰為今文，見漢石經集存第四三五。今此簡文皆作騰，知其為今

文無疑矣，又鄭注檀弓下曰：「禮揚作騰」（案原校誤作滕，今正），禮指禮經，即此儀禮，可知儀禮有以揚作騰者，見下第三十九、五十二兩簡；下第十八、第二十五等簡則作勝。」案鄭氏大射之注當作「今文滕皆作騰」，胡承珙疏義云[redacted]「傳寫誤耳」是也。簡本泰射俱作騰，此篇有作勝，實為騰之寫誤，簡本用今文。檀弓下「杜蕢洗而揚觶」鄭注：[redacted]「禮揚作騰」（據宋本），射義「揚觶而語」鄭注：「今禮揚皆作騰」，是今文作騰，古文作滕或作揚，然則大射鄭注古字為今字之[redacted]誤無疑。燕禮、大射之滕觶與檀弓、射義之揚觶同義。鄭此注云「讀或為揚」，檀弓注云「揚近得之」。如鄭氏注禮經，擇善而改易經字，則何不悉改作揚？而然作滕者，以所據本用古文滕字，承用不改，不特疊注今文，且注明讀或為揚，可[redacted]證鄭氏改經字之說實為無稽。參見150條。

366. 升自西階，序沟散，交于楹北，降（第17簡）

今本序下有進字。此節乃二大夫為媵爵者，媵爵于公，俾公舉行旅酬。泰射第23簡同節作「徐進酌散」，簡本序有作徐，釋見427條。有進字與今本同。又本篇第19簡同節「序進坐鄭（奠）于薦南」，泰射第25簡同節「徐進坐鄭（奠）于

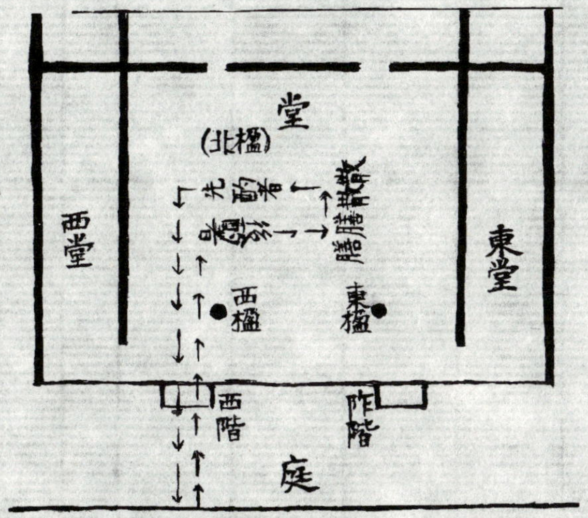

交于楹北圖

薦南』，俱有進字與今本同。又泰射第24簡同節『如（若）命皆致，則徐（序）鄭（奠）觶（觶）于匪（篚）』，燕禮同節爛跌（不知所作）；今本序下有進字。序進者，二人相次而進。就此節儀注論，二媵爵者升堂就散尊酌酒，一先一後，其距離應以『交于楹北』為準。散尊在東楹之北，二媵爵者升降由西階，先酌者至東楹北酌後反降，與後酌者相遇于西楹之北。此不僅分別就散尊酌酒之序，且欲見其升堂向尊之序（見圖），故進字不可省。簡本亦[redacted]有進字者，據以推斷，無進字者均係誤脫。

今本洀作酌。上引簡本泰射第23簡洀亦作酌。詩酌釋文：『字亦作洀。』荀子禮論篇『韶夏護武洀桓箾簡象』，楊倞注：『武洀桓，皆周頌篇名。』公羊傳僖公八年[redacted]『蓋酌之也』，穀梁傳作洀，洀段[redacted]為酌也。

367. 勝（媵）爵者執觶（觶）持于洗南（第18簡）

今本持作待。下第25簡再請二大夫媵觶節『一人寺于洗南』，今本寺作待。泰射第24簡二人媵觶節『賸（媵）爵者執觶（觶）侍于洗南』，今本侍作待。今本待字，簡本有作寺，有作侍，有作持。經傳多段寺為侍，周禮序官（天官）『寺人』，鄭注：『寺之言侍也。』左傳昭公二十五年：[redacted]『使侍人（公果公賁）僚相告[redacted]

「舍之言行也。」「左傳昭公二十五年」■「使（?）……」

舍，有作搢。經傳多段舍為搢。……

（搢）搢于洗南」，今本搢作搢。今本搢字，簡本有作舍，有作

洗南」，今本舍作搢。泰射第24簡……

今本搢作搢。下第25簡再請二大夫勝觶，「一人舍于

35］勝（勝）……（第14簡）

「……之也。」……作治。……

「……治……」。……

「字亦作治。」……

今本治作飭。上引簡本泰射第23簡治亦作飭，……

簡本亦■有違字者，皆以推斷，無違字者說從略。

執爵酌酒之序，且說見其升堂與尊之序（見圖），故違字可省。

繼升酌後卒（?）……，與後酌者相遇于西楹以北。此不復分別說

簿（?）。……交楹之北，二耦……由西階，先……由東

升堂……酒，一先一後，其……交于楹北，先

次而進。……二……

今本序下有進字。序進者，二人相

薦（?）（賓）……于匪（篚），「……」

第21簡「同……」「……」

旅酬。曰：「焉有遺字與今本同。」又泰射

交于楹北圖

公」，釋文：「侍人，本亦作寺人。」[redacted]侍與待古[redacted]聲通同段，荀子正論篇[redacted]「執薦者百人侍西房」，楊倞注：「侍或為待也。」[redacted]雜記上[redacted]「侍猶君也」，鄭注：「侍或為待。」待與持亦同聲通段，周禮服不氏職「以旌居乏而待獲」，杜子春云：「待當為持，」書亦或為持。公食載鼎實於俎節「左人待載」鄭注：「古文待為持」。士昏婦至成禮節「媵侍于戶外」鄭注：「今文侍為待」，[redacted]然則今本作待為今文，簡本作侍[redacted]作持均用古文。侍[redacted]寺通作[redacted]，簡作寺亦古文。

368. 公有命則弗更不洗（反升酌膳，下拜，小臣辭，升再拜稽首（第20—21簡）

泰射第27簡同節「公有命則弗易不洗」，與今本同。今本弗更作不易。更、易義同，[redacted]以泰射決此文，亦當作易。

今本膳下有觶字。泰射第27簡同節「反升酌膳，下拜，小臣正辭，賓升再拜稽首」。與今本同。燕禮、大射均在堂上設兩方壺、兩瓦大。君用瓦大曰膳尊，賓用方壺曰散尊，文中屢見「酌膳」「酌散」，鄭注[redacted]：「酌散者，[redacted]酌方壺酒也。」酌膳、酌散即就膳尊或散尊取酒。文中亦見「膳觶」之文，如「若膳觶也，則降更觶洗。」君用之觶曰膳觶。今本取酒于尊均稱「酌膳」或「酌散」，與簡

本同。猶此文作「酌膳觶」，有觶字則酌于膳尊之義反不能明，得簡本而後知今本觶字為衍文。

今本升上有賓字。下拜之下為降堂，賓為臣，故拜堂下。此文承「賓進受虛觶」，均屬賓[redacted]事[redacted]；小臣辭為代君行事；升再拜稽首即臣升堂成拜，又為賓事；下接君答再拜，又為君事。前後對照，有賓字始見脈絡分明。簡本誤脫。

369. 賓坐祭立卒觶[redacted](觶)不拜(第21簡)

今本立下有飲[redacted]字。泰射第28簡同節「賓立祭立卒觶[redacted](觶)不拜」，今本亦無飲字，與簡本同。此旅酬節，賓酬大夫長而先自飲。鄉飲記「立卒爵者不拜既爵」，此不拜則立卒爵也。云「立飲卒爵」，先飲而後卒爵，必變立而坐，坐卒爵則當拜既爵，此云「不拜」則無飲字可知。今本蓋涉酬賓節而衍。

370. 主人以虛爵降，射人乃升卿，皆升就席，如(若)右諸公，則先卿就之，如就卿之禮(第24簡)

今本降下有奠于篚三字。鄭注：「今文無奠于篚」。簡本用今文。泰射同節簡本、今本均有「奠于篚」三字，鄭無注，今文本亦當有此三字，此文誤脫耳。胡承珙疏義云：「案上文「賓進

受虛爵，奠于篚」，「大夫卒受者以虛觶降，奠于篚」，又獻下工云「主人奠爵，奠于篚」，知此亦當有奠于篚。大射儀亦云「辯獻卿，主人以虛爵降，奠于篚」，鄭以彼決之，故從古文。」胡氏評判今古文之正誤甚是，但此為鄭所據本末誤，而非出鄭氏之改補。

今本重卿[redacted]字。泰射第31簡同節亦重卿字與今本同。全書文例，就燕禮、大射兩篇而論，如「射人命賓，賓少進」，「乃命執冪者，執冪者升自西階」，「射人納賓，賓入及庭」，「射人升賓，賓升 立于序內」，「射人乃升大夫，大夫皆升就席」，二禮同節之文皆同，簡本與今本亦皆同，而此文簡本獨不重卿字，顯屬誤脫。

今本右作有。簡本有俱作又，釋見3.條。右[redacted]多作又，簡本遂誤有為右。

今本二就字俱作獻。下第26簡「就大夫于西階上」，第27簡「辯（辯）就大夫」，第29簡「就工＝不興」，并此文凡五獻字俱作就。案：簡文就寫作就、獻字有寫作獻，有寫作献，此五獻字圖版皆漫漶[redacted]，惟「辯献夫＝」略可辨認，乃獻字而筆畫不全。五字皆摹本失真，陳氏釋文校記遂定為就。就卿就大夫義不可通，所定非也。陳氏斷為[redacted]：簡文獻就同作 ，更誤。

371. [redacted]送薦之（第27簡）

今本送作遂。簡本遂作述，送乃述之形譌。

372. 小臣佐何瑟，面鼓，執越，內弦，右相（第28簡）

今本佐作左。簡本泰射同節作左[redacted]與今本同，[redacted]此亦誤加人旁，如他篇亞作惡、反作販之例也。

今本右下有手字。簡本泰射同節右下亦無手字。此升歌節，記小臣扶相樂工之儀。工為瞽者，二工鼓瑟，二工徒歌（唱詩）。小臣相者亦四人，相徒歌者扶之升降，相鼓瑟者須兼任搬瑟。左何瑟者，何即荷[redacted]字，左肩負瑟而以手執越（瑟下之孔），重在荷，故不言手，言左手荷瑟則不成文義。右手相者，手扶之以行，故必言手，言「右相」則義不充足。書手不明儀容之左右有異，左無手字，遂併右下手字亦涂去之矣。

373. 主人洗就（獻）工不興（第28—29簡）

今本洗下有升字。泰射第37簡作樂娛賓節「主人洗爵升，實爵獻工，工不興。」今本無爵字，詳彼校。兩[redacted]文對勘，此[redacted]亦當有升字。案：燕禮、大射並云：「設洗篚于作階東南，當東霤，罍水在東，篚在洗西，南肆。設膳篚

在其北，西面。」盛爵之篚與洗均在堂下庭東阼階之東南。

又[redacted]大夫[redacted]代君為主人，堂上無席，無事即待于其位。其位在阼階之南，洗之北，即上文「胥薦主人于洗北」是也。主人[redacted]與賓為禮[redacted]，必先升堂，獻賓節「賓升自西階，主人亦升自西階」，獻公節「主人盥，洗象觚，升實之」，獻大夫節「主人洗升」是也。事畢即復洗北之位。洗篚在堂下，主人可于洗北位就篚取爵，就洗洗爵，升堂酌酒。鄉飲、鄉射凡賓主人席均在堂上者，其洗必降，洗後酌酒必升，故升降字可省。此主人位在洗北，取爵就洗，無降堂之節，洗後升堂行禮，其升必明著之，義始顯豁，非可以[redacted]鄉禮之文例之也。簡本誤脫。

374. 衆工不拜受爵，祭遂（卒爵）（第29簡）

今本祭上有坐字。泰射第37簡作樂娛賓節：「衆工不拜受爵，祭述（遂）卒爵。」今本祭上亦有坐字。凡祭必坐，坐與之[redacted]節甚繁，故記述多省文。然此等儀注涉及祭酒前之已立抑已坐，祭酒後之立卒爵抑坐卒爵，坐字與遂字相錯成義，不可遽以省文視之也。卒爵對啐酒而言，即盡飲爵中之酒，而卒爵之立或坐，又視其人之尊卑而相變為文。就此篇而論，公最尊，立卒爵；賓、主人、卿則坐卒爵；大

夫及士之為執事者又立卒爵，變其儀以見尊卑之義也。樂工亦執事者，當立卒爵，以瞽者不便坐興，故除笙者外俱坐卒爵。主人獻賓，賓祭酒在席上而卒爵在西階，其文云：「[redacted]坐挽手，執爵，遂祭酒」，祭酒承坐挽手後，本未起立，故不言坐而言遂。下云「賓西階上北面坐卒爵」，啐酒、告旨後由席末至西階，本已立，故不言遂而言坐。賓酢主人，主人無堂上位，祭酒與卒爵均在西[redacted]階上，其文曰：[redacted]「主人坐祭，不啐酒，不拜酒，不告旨，遂卒爵」，拜受爵後本已立，故祭酒言坐；祭酒後無啐酒、拜酒、告旨之節，本已坐，故卒爵不言坐而言遂，主人固坐卒爵者也。主人獻公，公在席上祭酒與賓同，尊于賓，故即在席上卒爵，云「公祭如賓禮，不拜酒，立卒爵」，不拜酒自無啐酒之儀，祭酒後本已坐，故卒爵言立不言遂。主人自酢于公，宰夫代公為主人而與公為禮，故降酢于阼階下，云「主人坐祭，遂卒爵」，降堂本已立，故祭酒言坐；祭後本已坐，故卒爵不言坐而言遂，仍坐卒爵也。正禮如是，參以二人媵爵、主人獻卿、獻大夫、獻笙各節，俱為祭前本已立則稱「坐祭」，本已坐則稱「遂祭」；祭後如有拜酒之儀，本已立則坐卒爵者必明言坐，立卒爵者言遂卒爵；如無拜酒之儀，本已坐則坐卒爵者言遂卒爵，立卒爵者必明言立。界劃甚明，

絶無著忒。此文爲獻衆工之儀，受爵後本已立，如依簡本無坐字，則爲立祭，祭無立者，斷難通釋。立祭後言遂則爲立卒爵，樂工瞽者必坐卒爵，又相違也。凡此俱證簡本二篇俱脱坐字。

鄭注：「古文曰卒爵不拜」此簡遂字下㒺缺，不知所作。泰射第37簡同節亦無不拜二字，與今本同，然則簡本、今本均用[redacted]今文。

375. 唯所賜，以盧于西階上（第30簡）

今本唯下有公字。簡本泰射同節亦有公字。本篇爲鄉舉旅節「若賓若長，唯公所州（酬）」，爲士舉旅節「雍（唯）公所賜」，簡本俱有公字。此文顯係誤脱。

今本盧作旅。士冠筮日節「旅占」，鄭注：「古文旅作臚」。周禮司儀職「皆旅擯」鄭注：「旅讀爲鴻臚之臚」。漢書叙傳下「大夫臚岱」注引鄭氏云：「臚岱，季氏旅[redacted]於大山是也」。顔云：「臚旅聲相近，其義一耳」。簡本盧爲臚之同聲段借，[redacted]實用古文。

376. 主人立于縣中，奏南陔白黍黍（第30簡）

今本主人作笙入。陳校云：「簡文笙作生，人入不分，形近而譌」是也。簡本燕禮、泰射兩篇除泰射第3簡「笙〔磬西〕面」一見笙字外，其餘均作生。鄭注大射「笙磬西面」、周禮眡瞭職「掌播鼗頌磬笙磬」、書益稷「笙鏞以間」俱鄭注

云：「笙，生也。」以聲類為訓。左傳莊公九年「乃殺子糾于生竇」，史記齊太公世家作笙瀆。是生、笙聲同通段，笙為加形旁後製正字。

今本脤作陔。泰射第113簡賓出公入節作「奏陔」，本篇第45簡燕畢賓出節作「奏胲」，奏誤寫作秦，陔誤从月旁，而此簡復誤作脤，陳校所謂「形似胲而譌」是也。

今本白黍黍作白華華黍。白黍黍不成文義，顯有脱誤。鄉飲鄭注：「南陔、白華、華黍，皆小雅篇也。今亡，[redacted]其義未聞。」而毛詩序云：「南陔，孝子相戒以養也。白華，孝子之潔白也。華黍，時和年豐、宜黍稷也。有其義而無

其辭。」然則毛詩有義，與鄭禮注不同。詩燕燕孔疏引鄭志荅炅模云：「為記注時，執就盧君，先師亦然。後乃得毛公傳，既古書，義又宜然。記注已行，不復改之。」（詩序疏、禮記疏所引文有異同。此據燕燕疏並參考坊記疏寫定。）鄭玄注三禮時未見毛詩，此等詩篇名，不過與毛本同耳，非鄭氏改從毛詩也。鄭氏初治韓詩，箋毛詩又多用三家義，如三家與今禮有異，豈有不載諸禮注哉！簡本縱有異文，苟無確證可據，安能[redacted]空言三家之異也。此文簡本所據之本自作「白華=黍」，迭相傳抄，一誤脱華字，再誤移重文號于黍下，三誤而成「白黍黍」矣。

377. 主人洗升獻生(笙)于 (第30简)

今本于下有西階至祭立四十四字。第30简下半爛鈌，陳校云：「此简下半所鈌失應為二十四字。」依今本，下尚有遺脱二十字。陳校又云：「因此段疑書手介于「坐祭立」與「卒爵」之間，而此段之[redacted]末又為「坐祭立」，因而致誤遺鈔者，非今本多出，乃简本遺寫也。」陳說是也。其實简本重衍譌脱，所在[redacted]有之，不過此其顯例耳。

378. 乃間歌魚麗，生(笙)由庚，歌南有嘉魚，生(笙)崇立，歌南山有壺，生(笙)由儀，遂歌鄉樂＝周南關睢葛勝縉耳，召南鵲蕉采荣采雒 (第31简)

今本立作丘，壺作臺。简二字漫漶，摹本寫丘為立，而臺不成字，陳校定為壺。作立作壺，義不可通。細審圖版，所定未必是；即如所定，亦屬形訛耳。

今本勝作覃，縉作卷，蕉作巢，荣作蘩，雒作蘋。陳校云：「案简所稱周南、召南篇名不與毛詩及今本同，應是齊詩，后倉傳齊詩也。」后倉傳齊詩並傳今文禮，禮所述詩篇名據齊詩，當無可疑。然简本異文，未予深考而遽以為齊、毛之異同如陳氏所論者，則失之[redacted]誣矣。案：[redacted]

[redacted]初學記十四引蔡邕協和婚賦「葛覃恐其失時」，[redacted]邕治魯詩，則魯亦作覃。禮記緇衣云：「葛覃曰服之無射」，小戴輯禮記時，未見毛詩，毛詩射作斁，則齊詩作射而覃字毛、魯、齊不異。爾雅釋草「菤耳，苓耳」。臧庸云：「爾雅所載詩字義訓皆魯詩」。則魯作菤。易林云：「鼎之乾，傾筐卷耳。」易林用齊詩，是齊詩作傾與毛作頃異，而作卷與毛同。釋文：「召公，本亦作邵。」陳喬樅以為「三家今文皆作邵字」。御覽五百七十八引[redacted]琴操「四曰鵲巢」（孫星衍、馬瑞辰考定琴操為蔡邕之作），易林「節[redacted]之賁，鵲巢百兩」，是今文作邵與毛作召異，而魯、齊[redacted]俱作巢與毛同。射義「卿大夫以采蘋為節，士以采蘩為節」，二戴俱用后本，則齊詩作蘋自與毛同而作蘩不過不从艸耳。

二百四十六

禮漢簡異文釋

然則簡本五字皆非齊詩異字，字亦漫漶，細審圖版，覃實作朕而非勝，考工記弓人為弓「撟角欲孰於火而無燂」，鄭注「故書燂或作朕」，作朕古文或字也。卷非作綰，左从糸右不知所作，摹本不成字，陳氏定為綰非也。巢作蕉，略可辨，不過聲之誤耳。蘩作茉，殆係俗寫，今不可識。蘋非作雝，右从隹左不知所作，摹本亦不成字，陳氏定為雝非也。五字皆非齊詩異字也。

今本不重樂字。鄉飲同節云：「乃合樂周南關雎」云云。此諸侯燕其大夫，用鄉樂合樂，重樂字義長，簡本是也。

379. 大帀告于樂正曰（第31簡）

今本帀作師。泰射「大帀」「少帀」「僕人帀」俱同作。衛尉衡方碑「處六帀之帀」，則漢隸皆作帀。

380. 東=楹之東（第32簡）

今本不重上東字，楅作楹。下第34簡立司正節『東楹之東』上東字下無重文號，（可證此誤衍重文號。）他簡皆作楹，東楹字（西楹）實無可疑者。簡楹寫作楹，故有誤寫成楅耳。陳校作[redacted]栢，非也。

381. 射人遂為司正，洗角觚（觶），南面坐鄭（奠）于中庭（第32簡）

今本重司正二字。泰射第38簡同節『擯者述（遂）為司正，適洗，洗角觚（觶），南面坐鄭（奠）于中庭。』今本亦重司正二字。『射人遂為司正』，乃更易其所執事，前為公之擯相，後為糾察也。『司正洗角觶』，更易所執事後，執行察儀，文例當重起。上命賓節『擯者命賓，賓少進禮辭』云云，賓本在大夫中，命為賓，亦更易其所執事；『賓少進』云云，文例重起，故重賓字。以彼例此，當以今本重司正二字為長。

382. 右興（第33簡）

今本興作還。此節為司正表位，其文曰：『司正降自西階，南面坐取觶，升酌散，降，南面坐奠觶，右還，北面少立，坐取觶，興，坐不祭，卒觶，奠之，興，再拜稽首；左還，南面坐取觶，洗，南面反奠于其所。』將行旅

酬，令群臣盡歡，恐失酒儀，立司正監察，故司正于中庭奠觶以明其位，又自飲以為表帥，即鄭注鄉飲云「已帥以正，■孰敢不■正也」。而表位之儀：奠觶起立，西面，復向南行，再向東行，至當位而北面。所謂「右還」者，鄭注云：「將適觶南，先西面也。必從觶西，為君之在東也。」蓋先西面、次南面南行，次東面東行、卒至北面，皆右還也。至觶南北面「少立」，鄭注云「自嚴正慎其位」，是表位之義也。卒觶奠觶後，又西面西行，次北面北行，次東面東行，卒至南面，即所謂「左還」也。此儀按上圖自明。「右還」對「左還」言

司正表位右還左還圖

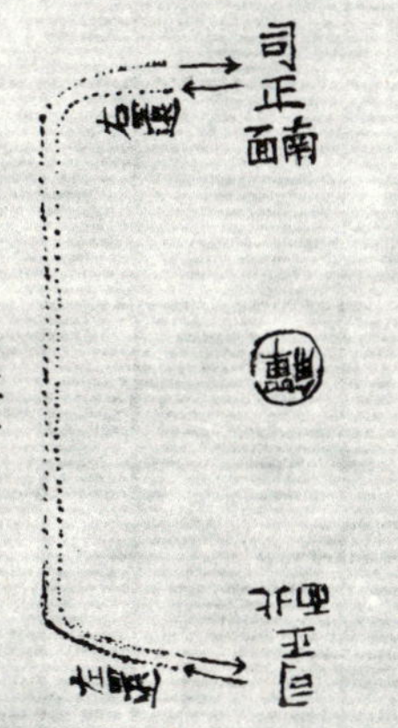

耳，斷無下言左還而上言右興者，況「右興」實不詞也。泰射第40簡同節「■南面坐鄭（奠）觝（觶）興，右■還（還），北面少立」，與今本同。右下必是還字，據大射右上有興字，似此文簡本「右興」誤倒，又脫還字；而今本脫興字。坐興之節，如詳言之，則此文坐取觶後當有興字，而「反奠于其所」句當有坐字，然行文不得不有省略，不應斷此文之必脫興字。然則無論此文右上有否興字，而右下必是還字，簡本誤寫無疑。

383. 升自西階，東楹（楹）之東請徹祖（俎），公許，告于

賓(第34簡)

今本俎下有降字。張惠言儀禮圖注云：『經云「司正請徹俎，降，公許，告于賓」，似降而後公許，告賓于階下。大射則云「請徹俎，公許，遂適西階上，北面告于賓」。[redacted]案司正告賓，無在堂下者，此經誤也。』張氏以大射文對勘，知今本有誤。其讀儀禮記又易其說云：『則降字當在「告于賓」下，實脫字失處耳。』今得簡本，知今本誤衍降字。無降字則不見司正之降，然大射亦無司正降之文，不必嫌其不降，張氏後說正緣此而作調停之詞耳。

384. 士長升，再拜受柧(第36簡)

今本無再字。泰射第103簡同節作『士長升，拜受柧』。簡本亦無再字。受爵有拜與不拜之別，下云『其他不拜』，士長以外，眾士均不拜受爵。全書文例，拜受拜送均不言再拜，惟賓、諸公與君為禮，且再拜稽首以送爵，君答再拜以受。證以泰射簡本無再字，則此文誤衍。

今本柧作觶。簡本觶皆作觝，見151條。觚皆作柧，見202條。此文與大射同節鄭注俱云：『獻士用觶，士賤也。今文觶作觚。』簡本用今文。又下第38簡公為士舉旅酬節『升媵(媵)柧(觚)于公』，今本同。鄭注：『此當言媵觶，酬之禮皆

用解；言觚者，字之誤也。古者觶字或作角旁氏，由此誤爾。』泰射同節亦作柧（觚），今本則作觶，鄭注：『今文觶為觚。』又同簡同節『賓降洗象柧（觚）』，今本作觶，鄭注：『今文曰洗象觚。』泰射同節作柧（觚），今本同[redacted]，鄭注：『此觚當作觶。』下第39簡同節『公坐取賓所揚（媵）柧（觚）』，今本作觶，鄭注：『今文觶又作觚。』泰射同節作柧（觚），今本同，鄭氏無注。上第7簡主人獻賓節『主人坐鄭（奠）柧（觚）于匪（篚）』，今本同，鄭注：『古文觚皆作觶。』泰射同節闕缺。今本作觚，鄭氏無注。然則作觚皆用今文，作觶皆用古文。今本、簡本均今古文錯雜並用，而又皆有誤也。鄭注必破今文觚為字誤者，以觚觶所用不同。特牲記鄭注：『禮器：貴者獻以爵，賤者獻以散；尊者舉觶，卑者舉[redacted]角。舊說云：爵一升，觚二升，觶三升，角四升，散五[redacted]升。』禮器云『有以小為貴者』，故爵貴于觚，觚貴于觶。獻賓、獻卿用觚；獻士不得用觚；酬禮殺于正獻，亦不當用觚而用觶。鄭注不特疊今古文，且明言今文觚為誤。又注大射為士舉旅酬節『賓降洗象觚』云：『此觚當作觶』。彼亦從古文而所據本用今文。注既言『當為』，自無改經字之事。可見謂鄭氏糅合今古文、改經字、亂家法者，不過厚誣之詞耳。參見150條。

385. 乃薦司正與射人一人司士一人執冪[redacted]二人于觶(觶)南東上(第36簡)

今本于上有立字。《燕射》第104簡同節『乃薦司政(正)與射人于觶(觶)南，北面東上。』今本同。以彼例此，今本立字為衍文。

386. 如卿射之禮(第37簡)

今本卿作鄉。《燕(禮)》若射即用鄉射禮。金文卿、鄉[redacted](同)作，[redacted]簡本多存古字(正)[redacted]，此其一也。

387. [redacted]雖公所賜(第39簡)

今本雖作唯。雖字漫漶，摹[redacted](者據)左旁[redacted](似)步，遂[redacted](定為)雖字。然『唯公所賜』『唯公所命』《燕、射禮》凡數見，簡本亦均作唯，[redacted]此[redacted](當屬)誤寫。

388. 升酌膳，下拜爵，(小臣辭，升成拜)(第39簡)

今本[redacted]無爵字。《燕射》第107簡同節：『升酌膳，下，再拜稽首；小臣正辭；升成拜。』與今本同。下拜而升成拜，即《論語》所謂『拜下』。禮文記臣與君為禮，均有拜下

之節。『下拜爵』不成文義，簡本誤衍。

389. 士柧于西階上，辯(徧)(第41簡)

今本柧作旅。柧于西階上，不成文義。旅即旅酌，依次而自酌行酬也。泰射同節簡本亦作旅，而下文有『士旅酌』句，俱證此文柧為旅之誤寫。

390. 士旅酌(第41簡)

今本酌下有卒字。泰射同節簡本、今本俱無卒字。此節為賓媵觶于公，公[redacted]舉以為士旅酬。上已有為賓為卿為大夫舉旅行酬，此為士，云『辯』已明凡士皆受酬訖，自無庸更言卒。[redacted]云『士旅酌』，乃補記士自行酌酒，故注云[redacted]『無執爵者』。句下更不應有卒字。褚寅[redacted]亮以為辯指士，卒指旅食者，强生分別。旅食者亦為士，已該于士中，果如褚說，則大射無卒字，豈旅食者不與于受酬乎？實不可通。今得簡本，知今本卒字為衍文，鄭氏無注，誤在鄭本之後。

391. 〔無算〕爵，士有〔執膳爵者〕，有執散爵者，執〔膳〕爵者酌以進公=不〔受〕〔拜〕，執散爵者酌以之命所=賜者興受爵，降席下，鄭(奠)爵，再拜稽首，公合(荅)拜(第41—42簡)

今本士下有也字，之下有公字。泰射第109—110簡同節無也字、公字與本篇同，而今本有也字、公字亦與本篇同。

陳校云：「依此簡容字地位計之，不能容『有執散爵者』，故刪[redacted]去不錄。簡文應作『執=勝=』。」陳校之意不明，所云刪[redacted]去，指何人所刪；刪後將作何解？悉置不問，實難通釋。有下爛缺，計缺字地位不能容，不過有誤脫耳。此文鄭氏無注，鄭敬云：「士也，謂執爵皆士也。」任執爵者為士，則無此字 義更顯明，簡本為長。勝爵為公爵，故酌而進于公；散爵為臣下之爵，方苞云：「執散爵者亦先進于公而親命之以賜公卿。」解甚迂曲。簡本無公字，則執散爵者酌而進于命所賜者，義本顯豁，今本公字為衍文。

今本命所=賜者作命所賜所賜者。陳校云：「所下重文號為所賜二字之重文。」泰射簡本作「命所賜所賜者」，則此文賜下誤脫重文號耳，非如陳校所釋也。

鄭注：「古文曰公荅再拜。」簡本、今本俱用今文。

392. 受賜者以爵就席坐，公卒爵，然后(後)飲(第42簡)

今本賜下有爵字。泰射第110簡同節賜下[redacted]無爵字，今本亦有爵字；又下第43簡「受賜者興」，今本亦有爵字，而大射同節簡本、今本俱無爵字；又上第39簡「受賜者如初受酬之禮」，今本無賜字，大射同節簡本、今本俱無賜字。然則此等文句，[redacted]今本曰「受[redacted]者」、曰「受賜者」、曰「受賜爵者」，而簡本則曰「受者」、曰「受賜者」，其義本無別也，而簡本

[redacted]更多省[redacted]字。

今本庶作席。此受賜者就席上坐而飲酬酒，泰射第110簡同節並此篇下『大夫就席』句簡本亦作席。就庶坐不詞，顯係形似誤寫。

今本祭作然。泰射第111簡同節亦作然，今本[redacted]同。陳校云：『祭后，今本作然後，祭或是誤[redacted]寫。』無算爵飲酬酒無祭法，其誤不待言也。

393. 唯受于公者拜，卒受者興以州(酬)士于西階上(第43簡)

今本二受字下俱有爵字。泰射第111簡同節與本篇同，今本上句亦無爵字，與簡本同；下句有爵字而無受字，誤，詳彼篇。又上第40簡為士旅酬節『唯受于公者拜』，『卒受者興以酬士』，今本同。又上[redacted]第22簡公舉媵酬節『卒受者以虛(觶降)』，第26簡為卿舉旅節『大夫卒受者以虛(觶降)』，今本同。大射[redacted]此等[redacted]句[redacted]簡本、今本俱同，[redacted]以彼決此，[redacted]今本二爵字當屬衍文。

[redacted]

394. 閔人為燭於門外(第45簡)

今本閔作閽。泰射亦作閔。漢書劉向傳顏注：『惛，古閔字。』左傳魯閔公，史記魯周公世家作湣公。又范雎蔡澤列傳『竊閔然不敏』，索隱引鄒誕生本作惽。荀子王霸篇『齊湣、宋獻是也』，楊倞注：『湣與閔同。』閔與湣、惽同聲相通，故簡本寫閽為閔。

今本燭上有大字。張爾岐石本誤字云：『無大字。』唐石經與簡本同。本師曹元弼先生禮經校釋云：『凡燭，在地為燎，執之曰燭。時久則在地，庭曰庭燎，門曰門燎；暫則執之，門庭皆曰大燭。然實一物，故詩傳曰庭燎大燭也。』

395. 秦胲(第45簡)

今本作奏陔。下第50簡記『秦肆夏』[redacted]『臣敢秦爵以聽命』，秦字皆誤，當作奏。泰射同節作『奏陔』，與今本同。秦胲俱為奏陔之誤寫。陳氏以[redacted]作胲為齊詩，實出臆斷，豈有簡本[redacted]燕禮從齊詩而泰射從毛詩者乎？

396. 所執脯以賜鐘(鍾)人于門內溜(霤)(第45簡)

今本所上有賓字。泰射第113簡同節作『賓所執』，今本執下有脯字。案上云『賓醉，北面坐取[redacted]其薦脯以降，奏

陔。』〔其儀〕據鄉射『賓興，樂[redacted]〔正〕命奏陔，賓降及階，陔作。』然則奏陔為樂[redacted]〔正〕所命。禮文凡兩方同時進行之儀注，應各加主詞，使脈絡清晰。此句出『奏陔』下，不能上承〔因〕『賓醉』句而有賓或脯字，可[redacted]〔見〕簡本本篇誤脫賓字而奏射[redacted]〔誤〕脫[redacted]〔脯〕字。

鄭注『古文賜作錫。』簡本、今本皆用今文。觀禮王賜侯氏舍節『天子賜舍』，鄭注：『今文賜皆為錫。』二注不同，胡氏、徐氏俱未得其說，予以為錫古文、賜今文，觀禮注誤。下第46簡『君無所辱錫于使[redacted]〔臣〕』，用古文，他文俱用今文。

397. 曰寫（寡）君有不⿰酉典酒，以請子之與寫（寡）君須臾焉（第45—46簡）

今本⿰酉典作腆，下有之字。說文肉部：『腆，設膳腆腆多也。』左傳僖公三十三年、文公二年、襄公十四年、昭公七年，杜注均云：『腆，厚也。』字彙有⿰酉典字，云『酒厚也。』⿰酉典為腆之或字。鄭注：『古文腆皆作殄。』簡本、今本皆用今文。注[redacted]又云：『今文皆曰不腆酒，無之。』簡本無之字，用今文。

下第47簡『有不⿰酉典酒』，今本亦作腆，亦下有之字。

今本子上有吾字。下第47簡同節『以請子之與寫（寡）君須臾焉』，今本亦有吾字。此節補述主國君與來聘使者行燕禮，公使人至客館戒客之辭。士冠記戒賓、宿賓之辭，主人對賓稱吾子，士昏記納采、問名之辭，彼此稱吾子，

士相見賓稱主人為吾子，均屬雙方尊卑相敵之稱謂。聘禮記贊君聘享之辭云：「子以君命在寡君」，不稱吾子。此文公使人述公命，與聘[redacted]禮相同，有以尊臨卑之意，以無吾字為長，當從簡本。

398. 寡（寡）君＝之私也，君無所辱錫（賜）于使臣，敢辭（第46簡）

今本寡上有對曰二字。此主國君使人與聘國使者問答之辭凡三，初問句首有「曰」字，簡本與今本同。而二三次問答均無「曰」（『對曰』）等字，以初次問答見例，則今本初答有[redacted]「對曰」二字為善。

今本重臣字。初辭再辭俱不重字（臣），義固可通，但參以致命之答辭：「又辱賜于使臣，臣不敢賜命。」簡本亦重臣字，則此二句亦以重臣字為長。

399. 寡（寡）君曰，不醆（腆），使某固以請，某辭（第46—47簡）

今本曰上、辭上俱有固字。此乃第三次問答，參以第二次問答，當有固字。

鄭注：「今文無使某」。簡本、今本均用古文。

400. 君況寫(寡)君，易辱賜于使臣＝敢拜賜命(第47簡)

今本況作貺。禮記聘義「北面拜況」，釋文：「況，本作貺。」左傳僖公十五年「亦無貺也」，釋文：「貺本作況。」爾雅釋詁：「貺，賜也。」國語魯語：「況使臣以大禮」，韋昭解：「況，賜也。」聲義俱同相通段。

今本寡君下有多矣二字。[redacted]聘禮記贊拜問大夫之辭云：「君貺寡君，延及二三老。」詞例相類，[redacted]以簡本無多矣二字為長。

今本易作又。易字不可通。簡本又多作有，易為有字之形譌。

401. 其生狗也，享(亨)于門＝外東方(第48簡)

今本生作牲。簡本「特牲」作牲牲與今本同。論語鄉黨「君賜生」，釋文：「賜生，魯讀生為牲。今從古。」彼當作生而魯論作牲，此當作牲而簡本作生。生、牲聲同通段，猶上文之笙作生也。以古論例之，簡本恐用古文。

今本不重門字。特牲第10簡祭日陳設及位次節：「享(亨)于门外東方」，不重门字。此當與彼同，誤加重文號。

402. 如(若)與四方之賓則公使之于秦(奏)門內(第48簡)

今本賓下有燕字。下第56簡「如(若)與西(四)方之賓燕」，

簡本有燕字。無燕字不明與賓何事，顯係誤脫。

今本使作迎・君與臣燕，即位後命一臣為賓，無迎賓之節。此聘賓為他國之臣，非臣屬于己，當有迎賓之儀。『使之』不成文義，簡本誤。

[redacted]

403. 與卿燕大夫為賓，與大夫亦大夫為賓（第49簡）

今本燕下有則字，亦上有燕字。鄭注：『今文無則，下無燕。』簡本用今文。胡承珙疏義云：『鄭從古文有則字燕字者，亦取其文義備。』案此記不過補述與大夫燕亦大夫為賓之一端耳。記者，記其儀之有異于正禮者。『與卿燕』云云已見正禮，自以無則字為善；下[redacted]句異于正禮，以承上文，燕字自可省，俱以今文為長。鄭所摘本用古文，非為其文義備而改從古文者。今文文多省略，蓋高堂生初傳今禮，出于記誦，詞多刪節，非若古文之傳自晚周書本為文義備也。

404. 如（著）舞則酌（第50簡）

今本酌作勺。鄭注：『勺，頌篇，告成大武之樂歌也。』詩酌釋文：『酌音灼，字亦作汋。』蔡邕獨斷：『酌一章九句。』邕治魯詩，是魯、毛同作酌。內則『十三舞勺』，漢書董仲舒傳『於周莫盛於勺』，風俗通『周公作勺』，陳喬樅齊詩遺說考以為儀禮、禮記、漢書皆作勺，作勺齊詩

也。左傳宣公十二年、荀子禮論篇作沟，蓋亦古文。簡本作酌又作沟，皆用古文，今本用今文。

405. 凡公所辯，皆栗階，不過二等（第50—51簡）

今本栗作栗。字彙補有栗字，云『古栗字』，從禾為俗寫。栗階字為歷之叚借，考工記『栗氏』，鄭注：『栗古文或作歷。』說文止部：『歷，過也。』鄭注：『栗，蹙也，謂越等，急趨君命也。』義亦相近。檀弓下『歷階而升』，栗字蓋今文歟？

今本不上有凡栗階三字。所謂辯，即辯拜下。臣與君為禮，降堂至阼階下拜，君辭，即升堂成拜。栗階者，上（或下）堂升（或降）階之儀也。栗階對聚足連步而言。聚足連步為左足升（或降）第一等級，右足隨之，兩足相並，然後至第二至第三等級。栗階則左足升至第一等級，右足即升至第二等級。

凌廷堪禮經釋例云：『考連步是升階常法，猶之平敵相拜也；栗階于君辭則然，猶之再拜稽首也。平敵升階經不言連步者，猶平敵相拜不云頓首也。』凡云升降，俱是連步；聞君辭，急遽升堂成拜，故用栗階。栗階又不得過二等，即左足升[redacted]第一等級，右足不得越至第三等級。然則凡字起例，以『皆栗階』承『凡公所辯』句，則『不過二等』上必有『凡栗階』句，[redacted]以二者不得混為一事也。簡本誤脫。

406. 上退于物一等，既發則對君而迎（第52簡）

今本退上有射字。此記君與射而異于羣臣之儀。射禮以上射與下射合為一耦，上云『君與射則為下射』，與君合

以上射與于射，各自一類，上云『君與射則為下射』，與本合

今本退下有射字。此記君與射而異于常臣之儀。射禮

406. 上退于物一等，既發則荅君而俟（第52簡）

[illegible]二者不得混為一事也。簡本誤讀。

以『賓栗階』句，『凡公所辭』句，則『不過二等』上必有『凡栗階』句，凡升一等級，右足不得越至第三等之級。然則凡字屬句。辭，急遽升堂成拜，故用栗階。栗階又不得過二等，即左音。猶平敵相拜不云稽首也。凡云升階，俱是連步，但召栗階于君前則然，猶之再拜稽首也。于敵升階亦不言連步故『左傳』襄經解例云。之連步與升階連步者，猶之平敵相拜也。

互『三等』級。栗階則左足升第一等級，右足即升至第二等級。為左足升（或作）第一等級，右足隨之，兩足相並，然後更升第二等級（或作）堂升（或作）階之法。此栗階對歷足連步而言。歷足連步為禮，升堂至升階下拜，非辭，即升堂成拜。栗階者，上

今本不上有凡栗階三字。所謂辭，即辭拜于下。臣與君急遽者命也。』義亦相近。『鄭注』：『栗，歷階而升』。栗字蓋今文歟。作歷。『說文』止部：『歷，過也。』『鄭注』：『栗，蹙也，謂越等。』高。栗階字為歷之假借，『王氏說』栗天，『鄭注』：『栗古文栗』歟。

今本栗作栗。『字彙補』有栗字，云『古栗字』，從本為俗

405. 凡公所辭，皆栗階，不過二等（第50—51簡）

祚 酢又作汸，皆用古文，今本用今文。

也。『左傳』僖公十二年，『汸子』論作汸，蓋亦古文。簡本

耦者為上射，當有射字，簡本誤脫。

今本等作笴。物為堂上畫「十」形之標誌，射時立于物上。笴為矢幹，長三尺。臣避君，君射時，上射退于物後三尺，亦不敢與君並立。射在堂中，不在階上，何來階之等級？簡本蓋涉上文「不過二等」而誤。

今本對作荅。鄭注「荅，對，面鄉君也。」簡本作對為長。可見鄭氏未見此簡遞傳之本。

今本迎作俟。大射君與賓耦射節：「公既發，大射正受弓而俟。」簡本作■記■。作迎義不可通，當依泰射作記。

407. 如(若)飲君燕則俠爵，在大夫射則肉但(袒)(第52簡)

今本俠作夾。華山亭碑「庚(吏)卒俠路」，洪适隸釋云：「碑以俠為夾。」此同漢碑。

今本在上有君字。射必左袒，以便于射。[redacted]

君袒朱襦，臣袒熏襦，以所服襦之色見尊卑。但君與其射，■大夫壓于君，必並襦之左袖亦袒去之，即所謂肉袒也。在上無君字，不特文不成句，而其義亦不能明。簡本誤脫。

408. 臣受賜矣，臣請贊執爵（第52簡）

今本執爵下有者字。盛世佐[redacted]云：賓媵爵于公之時則釋此辭也。」為賓為卿為大夫旅酬時，公立而為禮，由受酬者自酌酒而公與拜授；唯為士旅酬，已坐燕，公坐而命賜某人酬，則[redacted]須有執爵者代為酌酒授爵。請立執爵者出于賓，請辭即此記所云，乃自請贊助執爵者行事，賓屬賓解。歷代禮家無人發疑，而說解終嫌含糊籠統。今得簡本，知本無者字，賓實自請助公行執爵之事，故下文有「相者對曰，吾子毋自辱焉。」然後別立執爵者。核之前後文義，渙然冰釋，此簡本之善者。今本者字為衍文。